全国工会干部培训基础教材

工会劳动和经济工作概论

全国工会干部培训基础教材编写委员会◎编

中国工人出版社

图书在版编目（CIP）数据

工会劳动和经济工作概论 / 全国工会干部培训基础教材编写委员会编 . —北京：中国工人出版社，2023.3

ISBN 978-7-5008-8166-7

Ⅰ . ①工…　Ⅱ . ①全…　Ⅲ . ①工会工作 – 中国 – 干部培训 – 教材　Ⅳ . ① D412.6

中国国家版本馆 CIP 数据核字（2023）第 030760 号

工会劳动和经济工作概论

出 版 人　董　宽
责任编辑　董芳璐
责任校对　张　彦
责任印制　栾征宇
出版发行　中国工人出版社
地　　址　北京市东城区鼓楼外大街45号　邮编：100120
网　　址　http://www.wp-china.com
电　　话　（010）62005043（总编室）
　　　　　　（010）62005039（印制管理中心）
　　　　　　（010）62382916（工会与劳动关系分社）
发行热线　（010）82029051　62383056
经　　销　各地书店
印　　刷　北京市密东印刷有限公司
开　　本　660毫米 × 960毫米　1/16
印　　张　15.25
字　　数　185千字
版　　次　2023年3月第1版　2024年 3月第 4次印刷
定　　价　35.00元

团结动员亿万职工
为全面建设社会主义现代化国家
贡献力量（代序）

王东明

党的二十大是在全党全国各族人民迈上全面建设社会主义现代化国家新征程、向第二个百年奋斗目标进军的关键时刻召开的一次十分重要的大会，是一次高举旗帜、凝聚力量、团结奋进的大会，为新时代新征程党和国家事业发展、实现第二个百年奋斗目标指明了前进方向、确立了行动指南。必须深刻领会大会精神实质、把握核心要义、明确奋斗目标，在全面学习、全面把握、全面落实上下功夫，团结动员亿万职工在新征程上踔厉奋发、勇毅前行，为实现第二个百年奋斗目标贡献智慧和力量。

深刻领悟“两个确立”的决定性意义，把“两个维护”落实到工会工作各方面全过程

党的二十大在政治上、理论上、实践上取得了一系列重大成果。习近平同志在党的二十届一中全会上继续当选中共中央总书记，充分反映了全党全军全国各族人民的共同心愿和习近平总书记的崇高威望，充分展示了全党全国上下在以习近平同志为核心的党中央团结带领下战胜前进道路上一切风险挑战、开创美好未来的坚定信心和决心，是全党上下拥护“两个确立”、做到“两个维护”的生动实践和真实体现。

党的十八大以来，党和国家面临的形势之复杂、斗争之严峻、改革发展稳定任务之艰巨世所罕见、史所罕见，习近平总书记以高超的政治智慧、强烈的历史担当、卓越的领导能力和“我将无我，不负人民”的崇高境界，带领全党全军全国各族人民攻坚克难、砥砺前行，推动党和国家事业取得历史性成就、发生历史性变革。实践充分证明，新时代十年的伟大变革，根本在于有习近平总书记作为党中央的核心、全党的核心领航掌舵，在于习近平新时代中国特色社会主义思想的科学指引。“两个确立”是党在新时代取得的重大政治成果，是推动党和国家事业取得历史性成就、发生历史性变革的决定性因素。

习近平总书记高度重视工人阶级和工会工作，对工会坚持党的领导提出明确要求，强调工会工作做得好不好、有没有取得明显成效，关键看有没有坚持正确政治方向；坚持正确政治方向，一言以蔽之，就是要坚持中国共产党领导和社会主义制度；只有坚持党的领导，工会工作才能方向明确、不走偏路，才能做得有声有色、扎实有效；在坚持党的领导这个根本问题上，工会必须旗帜鲜明、立场坚定。回顾百年来党领导的现代工人运动史，我国工会坚定不移在党的领导下开展工作，与历史同步伐、与时代共命运，为党和国家事业发展作出了重要贡献。

党的十八大以来，全总和各级工会始终把坚持党的领导作为工会工作的最高政治原则和根本保证，把深入学习贯彻习近平新时代中国特色社会主义思想作为首要政治任务，健全学习新时代党的创新理论的制度性安排，准确把握其基本观点、核心要义、科学体系、根本要求；完善党组（党委）会议“第一议题”制度，第一时间传达学习、第一时间狠抓落实习近平总书记重要指示批示、党中央重大决策部署；完善向党中央请示报告重大事项制度，探索与省级党委协调推进工会工作的机制，完善全总定期听取省级工会工作报告和意见建议制度；以党的政治建设为统领加强党的各项建设，全面推进工会系统从严治党，营造风清气正的良好政治生态。党的十八大以来工会工作取得重要进展和新成效，根本在于始终坚持党对工会的领导，在于始终坚持以习近平新时代中国特色社会主义思想为指导。

当前，世界百年未有之大变局加速演进，新一轮科技革命和产业变革深入发展，国际力量对比深刻调整，我国发展进入战略机遇和风险挑战并存、不确定难预料因素增多的时期。面对严峻复杂的形势，最重要的就是要始终坚持“两个确立”，坚决做到“两个维护”，这是党在新时代十年伟大变革中积累的宝贵经验，是党和国家的前途命运所系、全国各族人民的根本利益所在，是党团结带领全国各族人民全面建设社会主义现代化国家、夺取新的伟大胜利的根本政治保证。新征程上，各级工会组织和广大工会干部必须深刻领悟“两个确立”的决定性意义，进一步增强“四个意识”、坚定“四个自信”、做到“两个维护”，坚定不移在思想上政治上行动上同以习近平同志为核心的党中央保持高度一致。坚持不懈强化理论武装，深刻把握习近平新时代中国特色社会主义思想的世界观和方法论，坚持运用贯穿其中的立场观点方法，切实用以指导实践、推动工作、破解难题。自觉同习近平总书记重要指示批示精神、重要论述、党中央决策部署要求对标对表，真正把拥护“两个确立”、做到“两个维护”体现在行动上，落实到工作中。面向基层和一线职工，广泛开展多种形式的宣传宣讲，推动“两个确立”更加深入人心、“两个维护”成为广大工会干部和职工群众的自觉行动。

引领职工听党话、跟党走，汇聚起亿万职工团结奋斗的磅礴力量

党的二十大立足新时代新征程的历史方位，深刻分析我国发展面临的形势和挑战，对全面建成社会主义现代化强国两步走战略安排进行了宏观展望，重点部署了未来5年的战略任务和重大举措，发出了为全面建设社会主义现代化国家、全面推进中华民族伟大复兴而团结奋斗的伟大号召。

习近平总书记强调，党和人民取得的一切成就都是团结奋斗的结果，团结奋斗是中国共产党和中国人民最显著的精神标识。团结才能胜利，奋斗才会成功。新时代十年，我们以奋发有为的精神把新时代中国特色社会主义推向前进，创造了一个个令人刮目相看的人间奇迹，靠的就是全党全国各族人民万众一心、勇往直前、团结奋斗。汇聚起亿万人民团结奋斗的磅礴伟力，离不开扎实有效的思想政治引领。通过卓有成效的思想政治引领，把亿万职工思想统一起来、共识凝聚起来、力量激发出来，工会重任在肩、使命在肩。

党的十八大以来，全总和各级工会认真履行引导职工群众听党话、跟党走的政治责任，把学习贯彻习近平新时代中国特色社会主义思想作为加强思想政治引领的第一位任务，通过理论宣讲、劳模宣讲、演讲比赛、知识竞赛等方式，把“大学习”的课堂搬到工厂车间、生产一线，推动习近平新时代中国特色社会主义思想进企业、进车间、进班组。加强对习近平总书记关于工人阶级和工会工作的重要论述的学习贯彻和研究阐释，推动重要论述在工会系统和广大职工中落地生根。深入开展“永远跟党走、奋进新征程”、“喜迎二十大、建功新时代”等系列宣传教育活动，培育和践行社会主义核心价值观，“中国梦·劳动美”的价值引领深入基层、扎根职工。大力弘扬劳模精神、劳动精神、工匠精神，组织劳模、工匠人才进校园、进企业，发布全国“最美职工”、“大国工匠年度人物”，努力营造劳动光荣的社会风尚和精益求精的敬业风气。加强重点领域重点群体职工思想政治工作，创新工作方式方法，强化网上思想引领，推动思想政治工作传统优势与信息技术深度融合，加强对职工的人文关怀和心理疏导，建设健康文明、昂扬向上、全员参与的职工文化。

全面建设社会主义现代化国家，是一项伟大而艰巨的事业，前途光明，任重道远，更加需要坚定信念、鼓舞斗志，更加需要同心同德、团结奋斗。新征程上，工会必须牢记“三个务必”，牢牢把握团结奋斗的时代要求，把巩固团结奋斗的共同思想基础作为思想政治引领的重要内容，不断创新职工思想政治工作，引导广大职工坚定中国特色社会主义道路自信、理论自信、制度自信、文化自信，不断增强对中国共产党领导和中国特色社会主义制度的政治认同、思想认同、情感认同，自觉把人生理想、家庭幸福融入国家富强、民族复兴的伟业之中，更加紧密地团结在以习近平同志为核心的党中央周围，坚定不移听党话、矢志不渝跟党走，为实现党的二十大确定的目标任务团结奋斗。

贯彻党的全心全意依靠工人阶级方针，组织动员亿万职工在新征程上建功立业

党的二十大报告指出，从现在起，中国共产党的中心任务就是团结带领全国各族人民全面建成社会主义现代化强国、实现第二个百年奋斗目标，以中国式现代化全面推进中华民族伟大复兴。这是站在历史和时代的高度，全面把握党和国家事业发展新要求、人民群众新期待，向全党全国各族人民发出的动员令。

习近平总书记强调，工人阶级是我国的领导阶级，是我国先进生产力和生产关系的代表，是我们党最坚实最可靠的阶级基础。我国工会是中国共产党领导的工人阶级群众组织，团结动员广大职工群众为实现党在不同历史时期确立的纲领、目标和中心任务而努力奋斗是工会的重要使命。新民主主义革命时期，工会按照党确立的符合当时形势的工运策略和活动方式，提高工人阶级的政治觉悟，动员工人群众开展各种形式的斗争，团结动员广大职工为实现民族独立、人民解放而奋斗；社会主义革命和建设时期，工会动员带领广大工人坚决响应党的号召，焕发国家主人翁精神，为建立和巩固人民当家作主的新政权、建立独立的比较完整的工业体系和国民经济体系而奋斗；改革开放和社会主义现代化建设新时期，工会坚持围绕中心、服务大局，团结动员广大职工为坚持和发展中国特色社会主义而奋斗。

党的十八大以来，全总和各级工会围绕国家重大战略、重大工程、重大项目、重点产业，组织职工广泛深入持久开展多种形式的主题劳动和技能竞赛，开展“小发明、小创造、小革新、小设计、小建议”等群众性创新活动；加强劳模、工匠和职工学习阵地建设，示范带动创建各级各类创新工作室8万多家；成功举办首届大国工匠创新交流大会，习近平总书记向大会致贺信；推荐多名一线工人获得国家科技进步奖，职工创新创造活力显著提升。扎实推进产业工人队伍建设改革，成立推进产业工人队伍建设改革工作领导小组，产业工人思想引领、建功立业、素质提升、地位提高、队伍壮大等改革措施有效落实，改革取得重要阶段性成效，产业工人在推进高质量发展中的主力军作用更加突出。

党的二十大擘画了以中国式现代化推进中华民族伟大复兴的宏伟蓝图，把宏伟蓝图变成美好现实，根本上要靠包括工人阶级在内的全体人民的劳动、创造、奉献。新征程上，工会必须牢牢把握为实现中华民族伟大复兴的中国梦而奋斗的我国工人运动时代主题，充分发挥工人阶级主力军作用，团结动员亿万职工为推进中国式现代化建功立业。围绕建设教育强国、科技强国、人才强国，深化产业工人队伍建设改革，抓好抓实职工素质提升工作，加快构建产业工人技能形成体系，推动健全落实高技能人才培养、使用、评价、激励、保障机制，畅通技能人才流动渠道，努力建设一支宏大的知识型、技能型、创新型产业工人大军，为推进中国式现代化提供坚实人才和技能支撑。

坚持以人民为中心的发展思想，扎实做好工会维权服务工作

党的二十大报告通篇贯穿人民至上的根本立场和以人民为中心的发展思想，强调“江山就是人民，人民就是江山”，强调“为民造福是立党为公、执政为民的本质要求”，对“增进民生福祉，提高人民生活品质”作出安排部署，充分体现了以习近平同志为核心的党中央矢志不渝、坚守初心的政治本色和深厚为民情怀，体现了我国社会主义制度的本质和优越性，顺应了历史发展大势和人民群众期盼。

习近平总书记指出，我们党的根本宗旨就是为人民群众办好事，为人民群众幸福生活拼搏、奉献、服务；要想人民之所想，行人民之所嘱，不断把人民对美好生活的向往变为现实；工会要认真履行维护职工合法权益、竭诚服务职工群众的基本职责，把服务职工、维护职工合法权益的大旗牢牢掌握在手中，哪里的职工合法权益受到侵害，哪里的工会就要站出来说话。扎实做好维权服务工作，是工会落实以人民为中心的发展思想、践行全心全意为人民服务根本宗旨的必然要求。

党的十八大以来，全总和各级工会认真履行基本职责，推动修改《中华人民共和国工会法》、《中国工会章程》，将工会基本职责拓展为“维护职工合法权益、竭诚服务职工群众”。助力落实“六稳”、“六保”任务，深入细致做好职工就业创业服务，推动就业优先战略和积极就业政策落实落地。以货车司机、网约车司机、快递员、外卖配送员等为重点，出台推进新就业形态劳动者建会入会和权益保障工作的指导性文件，大力推行“重点建、行业建、兜底建”模式，推进互联网百强企业建会，2021 年度全国互联网百强企业全部实现建会突破，工会组织覆盖和工作覆盖取得阶段性进展，推动解决了一批新就业形态劳动者的急难愁盼问题。做优做强送温暖、金秋助学、阳光就业、职工医疗互助、工会法律援助等工作，开展提升职工生活品质试点，将 20 家工会帮扶中心和 50 家企业（工业园区）纳入全总试点单位，各省（区、市）和新疆生产建设兵团总工会开展省级试点。加强服务职工阵地建设，建设“劳动者港湾”、“爱心驿站”等工会户外劳动者服务站点 10.58 万个，累计投入资金 18.66 亿元。将城市困难职工解困脱困作为重点工作，主动融入党政工作大盘子，通过建档立卡、精准施策、强化评估、压实责任等具体举措，推动 549.87 万户困难职工家庭全部如期实现解困脱困。贯彻落实党中央国务院《关于构建和谐劳动关系的意见》，推动健全党政主导的维权服务机制，努力把劳动关系矛盾化解在基层、化解在萌芽状态。贯彻总体国家安全观，坚决维护劳动领域政治安全，加强相关工作体系建设，健全劳动关系风险监测、分析、研判、预防机制和职工队伍稳定风险排查化解机制，促进职工队伍团结统一与社会和谐稳定。

党的二十大对保障和改善民生、扎实推进共同富裕作出重要部署，为工会围绕中心、服务大局，履行好维权服务基本职责提供了重要契机。新征程上，工会必须始终坚持以职工为中心的工作导向，不断深化自身改革和建设，保持和增强政治性、先进性、群众性，有效发挥党联系职工群众的桥梁纽带作用。积极参与涉及职工切身利益的法律法规政策的制定修改，推动健全劳动法律法规体系。推动落实就业优先政策，推动健全就业促进机制，加强困难群体就业兜底帮扶，推动完善工资平等协商机制、正常增长机制、支付保障机制，健全向一线职工倾斜的分配制度，推动提高劳动报酬在初次分配中的比重，在促进共同富裕中更好发挥工会作用。积极推动完善以职工代表大会为基本形式的企事业单位民主管理制度，依法保障职工知情权、参与权、表达权、监督权，在发展全过程人民民主中保障职工民主政治权利。加快构建以普惠性服务和精准帮扶为重点的工会服务职工体系，着力提升质量和实效。巩固拓展城市困难职工解困脱困成果，推动解困脱困与提升职工生活品质有效衔接，健全困难职工家庭常态化帮扶机制，不断提高职工群众的获得感、幸福感、安全感。增强忧患意识、坚持底线思维，发扬斗争精神、增强斗争本领，密切关注降薪裁员、欠薪欠保、劳资纠纷、生活困难等可能引发的突出风险，积极推进“法院+工会+人社+司法”四方联动机制建设，推动构建和谐劳动关系，在维护企业和社会大局和谐稳定中更好发挥工会组织作用。

党的二十大吹响了新时代新征程奋勇前进的号角。我们要进一步增强学习领会贯彻落实党的二十大精神的自觉性和坚定性，找准工会贯彻落实党的二十大精神的切入点、结合点、着力点，切实把党中央提出的战略部署转化为工会的实际行动，充分展示工会在推进中国特色社会主义事业中的新担当新作为。

（本文系全国人大常委会副委员长、中华全国总工会主席王东明同志在2022年12月16日《求是》杂志发表的署名文章）

目　录

CONTENTS

第一章　工会劳动和经济工作概述

工会劳动和经济工作是工会劳动保护工作和工会经济技术工作的简称。工会经济技术工作也称职工经济技术工作，它是工会组织开展的旨在激发职工主人翁精神，调动职工积极性，团结动员职工投身国家经济建设的一系列活动。其内容主要包括劳动和技能竞赛、技术培训、岗位练兵等活动以及劳模先进的评选表彰和管理服务等工作。劳动保护是指为了保障劳动者在生产劳动过程中的安全与健康，从法律、制度、组织管理、教育培训、技术、设备等方面采取的一系列综合措施的总称。政府部门和企业也把它称为安全生产，科研、高校领域则常常把这项工作称为劳动（职业）安全卫生。工会劳动保护工作是工会根据法律赋予的职权，监督企业和有关方面贯彻国家有关劳动安全卫生的法律法规，发动职工群众参与安全生产和职业病防治工作，督促企业不断改善劳动条件，维护职工在生产劳动过程中的安全与健康合法权益。

第一节　工会劳动和经济工作的地位和作用

一、工会经济技术工作的地位和作用

（一）工会经济技术工作的地位

工会经济技术工作是工会工作的重要组成部分，在工会工作全局中具有重要地位。

1. 国家法律赋予工会的责任和义务。

《宪法》第四十二条规定，“国家提倡社会主义劳动竞赛，奖励劳动模范和先进工作者”。《工会法》第七条规定：“工会动员和组织职工积极参加经济建设，努力完成生产任务和工作任务。”第三十二条规定：“工会会同用人单位加强对职工的思想政治引领，教育职工以国家主人翁态度对待劳动，爱护国家和单位的财产；组织职工开展群众性的合理化建议、技术革新、劳动和技能竞赛活动，进行业余文化技术学习和职工培训，参加职业教育和文化体育活动，推进职业安全健康教育和劳动保护工作。”第三十三条规定：“根据政府委托，工会与有关部门共同做好劳动模范和先进生产（工作）者的评选、表彰、培养和管理工作。”国家法律将开展经济技术工作的任务赋予了工会。

2. 坚持走中国特色社会主义工会发展道路的内在要求。

中国工会是中国共产党领导的职工自愿结合的工人阶级的群众组织，是职工利益的代表者和维护者，是党联系职工群众的桥梁和纽带，是国家政权的重要社会支柱。坚持走中国特色社会主义工会发展道路，要求工会必须坚持服从服务于党和国家工作的大局，把推动国家经济建设与维护职工合法权益统一起来。这就要求工会以经济建设为中心，把职工的智慧和力量凝聚到实现国家经济发展的目标上来，促进国家经济持续健康发展，并在发展中维护和实现职工的具体利益。开展经济技术工作，是工会促进发展的重要途径，是工会为维护职工利益提供坚实物质基础的必然选择，也是坚持走中国特色社会主义工会发展道路的内在要求。

3. 推进产业工人队伍建设改革的重要途径。

2017 年 2 月 6 日，习近平总书记主持召开中央全面深化改革领导小组第三十二次会议，审议通过《新时期产业工人队伍建设改革方案》，2017 年 4 月 14 日，中共中央、国务院予以正式印发。《改革方案》明确了新时期产业工人队伍建设改革的指导思想、基本原则和目标任务，提出了一系列改革举措，对于巩固党的执政基础、实施制造强国战略、全面提高产业工人素质具有重大而深远的意义。《改革方案》中关于构建产业工人技能形成体系、运用互联网促进产业工人队伍建设、创新产业工人发展制度等改革举措与工会经济技术工作密切相关，必然要求工会承担起相关责任，推动建设宏大的知识型、技能型、创新型产业工人大军，充分调动产业工人的积极性主动性创造性。

（二）工会经济技术工作的作用

1. 有利于调动和发挥职工的积极性、创造性。

党的二十大报告指出：“从现在起，中国共产党的中心任务就是团结带领全国各族人民全面建成社会主义现代化强国、实现第二个百年奋斗目标，以中国式现代化全面推进中华民族伟大复兴。”工人阶级是实现中华民族伟大复兴中国梦的主力军。为实现中华民族伟大复兴的中国梦而奋斗，是我国工人运动的时代主题。工会组织动员职工开展“比学赶帮超”竞赛活动和参与企业的生产经营管理，评选表彰先进模范人物，有利于激励广大职工进一步焕发历史主动精神和伟大创造力量，投身全面建设社会主义现代化国家的伟大实践，为实现第二个百年奋斗目标、实现中华民族伟大复兴而不懈奋斗。

2. 有利于提高职工技能水平和创新能力。

组织职工学习科学技术知识，提高职工职业技能水平，是工会的重要任务，也是工会经济技术工作的重要内容。工会组织开展岗位练兵、技术比赛、师徒帮教、技术培训和技术成果评选表彰、展示交流等活动的目的，就是调动职工学习技术、参与创新的积极性，不断提高职工职业技能水平和创新能力，为企业发展和国家建设提供人才保证和智力支持。

3. 有利于推动技术进步。

围绕实现经济发展目标，开展各种形式的立功竞赛活动，进一步调动职工积极性；针对企业生产中的难点问题，广泛开展合理化建议、技术开发、技术革新、技术攻关、技术帮扶、发明创造等活动，积极引导职工开发新技术、新工艺、新产品、新材料；开展技术交流、技术协作、技术咨询、技术服务等活动，都是工会经济技术工作的重要方面。这些活动的开展，无疑会对推动技术进步、推动高质量发展起到积极作用。

4. 有利于从根本上维护职工利益。

在我国，全国人民的总体利益和职工群众的具体利益从根本上讲是一致的。工会要在维护全国人民总体利益的同时更好地表达和维护职工群众的具体利益。工会开展经济技术工作，体现了维护全国人民总体利益与维护职工群众具体利益相统一的要求。因为只有企业发展了，国家经济建设搞好了，维护职工具体利益才会有坚实物质基础；工会通过组织职工参加经济技术活动，提高了职工的素质，增强了职工的竞争能力和创业能力，有利于推进企业技术进步和国家经济发展，同时，这也是工会维护职工利益的一个重要方面。

二、工会劳动保护工作的地位和作用

工会作为职工利益的代表者和维护者，在劳动保护工作中具有独特的地位，在维护职工安全健康权益中发挥着重要作用。

（一）工会劳动保护工作的地位

1. 国家法律赋予工会的一项极为重要的职责。

中国共产党的根本宗旨是全心全意为人民服务，社会主义的根本任务是解放和发展生产力。党和国家的性质决定了劳动者享有安全和健康工作的权利，国家法律赋予了工会表达和维护劳动者合法权益的职责。我国《劳动法》、《工会法》、《安全生产法》、《职业病防治法》等相关法律对工会劳动保护的地位和劳动者获得劳动保护的权利作出了明确的规定。《劳动法》中规定，“工会代表和维护劳动者的合法权益”。《工会法》中规定，“维护职工合法权益、竭诚服务职工群众是工会的基本职责”，“职工因工伤亡事故和其他严重危害职工健康问题的调查处理，必须有工会参加”。《安全生产法》、《职业病防治法》等有关法律都明确规定了工会在劳动保护方面的职责。依照我国法律，劳动者享有获得劳动安全卫生保护的权利，有权依法参加和组织工会。工会组织表达劳动者的利益，依法维护劳动者的合法权益。工会代表劳动者监督有关劳动安全卫生的法律法规的贯彻执行，维护劳动者生命安全和身体健康权益。

2. 在国家安全生产工作格局中具有独特的地位。

做好劳动保护工作，保证企业安全生产，关系到经济发展和社会稳定，需要政府领导和监管；关系到企业的生存发展，需要企业遵守有关法律法规和方针政策，担负起“主体”责任；关系到劳动者的安全健康，需要劳动者及其代表者的“群众监督参与”。工会劳动保护工作在“政府统一领导、部门依法监管、企业全面负责、群众监督参与、全社会广泛支持”的国家安全生产工作格局中，代表劳动者实行“群众监督参与”。工会组织根植于基层企业和职工群众之中，在与其他各方密切配合过程中，具有自己的优势，能够形成通力合作、齐抓共管、综合治理的安全工作体制。实践证明，“群众监督参与”在保证安全生产、发展经济、维护安定团结、建设和谐社会方面具有不可替代的重要地位。

3. 我国工会工作的重要组成部分。

维护职工合法权益、竭诚服务职工群众是工会的基本职责。劳动者的合法权益包括劳动经济权益、政治民主权益、精神文化权益和社会权益等，而最基本的是人的生命安全和身体健康的权益。劳动者如果因事故造成死亡，则是被剥夺了自身的生存权，这导致其获取经济收益的目的、意义和能力全部丧失，此时再谈维护其经济利益、民主权利和精神文化权益则毫无意义。劳动者如果因工伤致残或因职业病失去了劳动能力，则是被剥夺了健康权。维护劳动者生存权和健康权是工会履行维权职责的基础性工作。

（二）工会劳动保护工作的作用

1. 发挥群众性安全生产的作用。

广大劳动者处在生产第一线，最了解哪里有事故隐患，哪里有职业病危害；广大劳动者往往是生产事故和职业病危害的直接受害者，对做好劳动保护工作、确保安全生产的要求最迫切，对监督也最有发言权。工会作为劳动者合法权益的代表者和维护者，代表劳动者的意愿和需求，依照“预防为主、群防群治、群专结合、依法监督”的原则，开展调查研究、安全检查、排查隐患、“三同时”（生产经营单位新建、改建、扩建工程项目的安全设施，必须与主体工程同时设计、同时施工、同时投入生产和使用）审查验收等工作，进行群众性劳动保护监督检查，协助企业查找安全生产工作中存在的突出问题，并督促企业整改落实，促进企业不断改善工作条件与环境，从而达到防治职业病危害、防范伤亡事故发生、保护劳动者在生产过程中的生命安全和身心健康的目的。

2. 肩负着提高职工安全意识和安全技能的重任。

工会通过监督企业对劳动者进行正规的上岗安全培训，履行法定的职业伤害、毒害告知义务，进行防护技能训练；通过利用各种宣传阵地开展劳动保护教育，帮助职工了解国家有关劳动安全卫生的法律法规和企业的安全生产规章制度，帮助劳动者获知自己的权利和应履行的义务，增强劳动者安全生产责任感和自我保护的意识和技能，提高劳动者的劳动安全卫生素质。

3. 为国民经济持续健康发展提供保障。

做好劳动保护工作，可以增强劳动者的安全感和对企业、对社会的认同感，更有力地调动广大劳动者的工作积极性，提高劳动生产率，保证企业生产经营活动的正常进行，增强企业在市场上的竞争能力，获得更好的经济效益，推动企业和经济社会发展。

第二节　工会劳动和经济工作的主要任务

一、工会经济技术工作的主要任务

（一）提高职工技术技能素质

我国的社会主义现代化建设，需要数以亿计的高素质劳动者。当前，我国劳动者素质偏低、技术创新能力不强、高技能人才严重匮乏，已经成为我国国民经济发展的制约因素。建设一支规模宏大的知识型、技能型、创新型职工队伍，是落实科教兴国战略的必然要求，也是实现“十四五”规划的重要保证。工会要把提高职工技术技能素质作为一项战略任务来抓，大力实施职工素质建设工程，要利用工会的自身优势，广泛开展岗位练兵、技术比赛、师徒帮教和技术培训等活动，以培养知识型、技能型、创新型“三型”人才为重点，把造就一批高技能人才与普遍提高职工技能水平结合起来，造就一支梯次合理、素质优良、新老衔接、能够适应技术进步要求和现代化建设需要的人才队伍，推动科教兴国战略、人才强国战略、创新驱动发展战略的落实。

（二）推动实施创新驱动发展战略和制造强国战略

党的二十大报告提出，“加快实施创新驱动发展战略”，“加快实现高水平科技自立自强。以国家战略需求为导向，集聚力量进行原创性引领性科技攻关，坚决打赢关键核心技术攻坚战。加快实施一批具有战略性全局性前瞻性的国家重大科技项目，增强自主创新能力”。《中共中央关于制定国民经济和社会发展第十四个五年规划和二〇三五年远景目标的建议》明确“坚持创新驱动发展，全面塑造发展新优势”，要求深入实施“创新驱动发展战略”；明确“加快发展现代产业体系，推动经济体系优化升级”，强调“坚定不移建设制造强国”。实施创新驱动发展战略、制造强国战略的核心是增强自主创新能力。工会经济技术工作要围绕增强自主创新能力，组织动员广大职工广泛开展技术革新、技术协作、发明创造、合理化建议等活动，引导广大职工积极投身自主创新实践，在技术创新的实践中发挥聪明才智，鼓励职工在原始创新、集成创新和引进消化吸收再创新上多出成果；积极倡导创新精神，大力发展创新文化，完善创新机制，推进创新体系建设；大力选树和宣传创新人才楷模，努力营造良好环境，使创新活动得到支持、创新才能得到发挥、创新成果得到奖励，激励广大职工为实施创新驱动发展战略和制造强国战略贡献智慧和力量。

（三）推进供给侧结构性改革

党的二十大报告提出，“我们要坚持以推动高质量发展为主题，把实施扩大内需战略同深化供给侧结构性改革有机结合起来”。推进供给侧结构性改革，是党中央提出的调整经济结构、转变经济发展方式的重大战略部署，是当前和今后一个时期我国经济工作的主线。《中共中央关于制定国民经济和社会发展第十四个五年规划和二〇三五年远景目标的建议》明确“以推动高质量发展为主题，以深化供给侧结构性改革为主线”。各级工会要围绕推进供给侧结构性改革开展竞赛活动。一是开展创新发展竞赛。开展以岗位创新、班组（团队）创新为主要内容的职工技术创新活动。总结推广技术经验、绝技绝艺和先进操作法。二是开展提质增效竞赛。广泛深入开展小发明、小创造、小革新、小设计、小建议“五小”竞赛活动。在重点行业领域开展节能减排达标竞赛活动。三是开展素质提升竞赛。深化岗位练兵、技能竞赛、技术培训、技术交流，努力造就一支有理想守信念、懂技术会创新、敢担当讲奉献的宏大的产业工人队伍。

（四）评选表彰先进，弘扬劳模精神、劳动精神、工匠精神

党的十八大以来，以习近平同志为核心的党中央始终关心劳模和劳模工作，礼赞劳动创造，讴歌劳模精神、劳动精神、工匠精神。2013 年 4 月 28 日，习近平总书记亲临全国总工会机关同全国劳动模范代表座谈，强调必须大力弘扬劳模精神、发挥劳模作用。2014 年 4 月 30 日，习近平总书记在乌鲁木齐接见劳动模范和先进工作者、先进人物代表时，提出劳动精神。2016 年 4 月 26 日，习近平总书记在安徽合肥主持召开知识分子、劳动模范、青年代表座谈会时，提出工匠精神。2020 年 11 月 24 日，在全国劳动模范和先进工作者表彰大会上，习近平总书记指出，“在长期实践中，我们培育形成了爱岗敬业、争创一流、艰苦奋斗、勇于创新、淡泊名利、甘于奉献的劳模精神，崇尚劳动、热爱劳动、辛勤劳动、诚实劳动的劳动精神，执着专注、精益求精、一丝不苟、追求卓越的工匠精神。劳模精神、劳动精神、工匠精神是以爱国主义为核心的民族精神和以改革创新为核心的时代精神的生动体现，是鼓舞全党全国各族人民风雨无阻、勇敢前进的强大精神动力”。

大力弘扬劳模精神、劳动精神、工匠精神，对引导职工以劳模和工匠为榜样，积极投身全面建成社会主义现代化强国、实现第二个百年奋斗目标，以中国式现代化全面推进中华民族伟大复兴的事业具有十分重要的意义。工会组织要继续健全劳

模评选机制，完善劳模管理和服务体制，搭建多种平台，为劳模、工匠的选树和培养创造便利，做到优中选优，让更优秀的人才涌现出来。要不断拓展宣传模式和途径，多角度、多方式进行宣传，不断提高劳模精神、劳动精神、工匠精神的吸引力、感染力和影响力，努力营造劳动光荣的社会风尚和精益求精的敬业风气。

（五）参与经济、人才和科技政策及法律法规的研究制定

参与经济、人才和科技政策及法律法规的研究制定，是工会履行参与职能，从源头上维护职工合法权益的重要方面。工会要通过对社会经济生活中涉及和影响职工利益的经济、人才和科技政策问题进行调查研究，参与相关法律法规、政策和发展规划的研究制定，提高工会参政议政能力，为党和政府决策提供依据。全国总工会要加强对国家经济、人才和科技政策的研究，积极参与国家相关法律法规和政策的制定；各级地方工会和产业工会要从本地区、本产业的实际出发，加强地区和产业的经济、人才和科技政策研究，积极参与地方和产业相关政策的制定。建立健全工会经济信息网络，加强信息交流和政策指导。

二、工会劳动保护工作的主要任务

（一）参与安全生产和职业病防治工作政策、法律法规等的研究制定

工会依法参与涉及职工安全健康权益的法律法规的起草和制定、修订工作，为工会维护职工安全健康合法权益提供法律依据。全国总工会参与国家涉及职工安全健康权益的法律法规的起草和制定、修订工作，地方工会组织参与有关劳动安全卫生法规与标准的制定和修订工作，健全劳动安全卫生法律监督制度；通过提交全国、地方各级人大、政协提案议案，参加各

级安全生产委员会，参加与同级政府的联席会议，与政府有关部门举办专题讨论会等方式参与有关劳动安全卫生的决策；企业工会依照法律规定，通过运用企业职工代表大会制度和集体协商制度，开展企业劳动保护民主管理和民主监督，主要是参与企业有关劳动保护方面的管理制度、作业规程、奖惩办法等的制定和修订工作，审议包括劳动保护在内的涉及职工切身利益的生产经营重大决策，参与企业每年劳动保护措施计划的制订。

（二）组织开展群众性安全生产和职业病防治活动

通过开展各种形式的群众性的安全生产检查，宣传安全生产方针政策和法律法规，提高安全意识，发现和消除不安全因素，总结经验，推动企业搞好安全生产。安全检查的主要内容包括检查政策和相关法律法规执行情况、安全管理制度落实情况、设施设备安全状态及其隐患整改情况和违章行为；开展对事故隐患和职业病危害作业点的建档、跟踪监督整改工作，预防各种事故和职业病；开展对生产性建设工程项目“三同时”的监督，保障职工在生产过程中具有最基本的安全生产条件；发动、组织广大职工群众开展预防事故和职业病危害的活动，主要是开展“反违章”、“查隐患、堵漏洞、排险情”安全活动，开展各种形式的安全竞赛，参加整治事故隐患及职业病危害，开展班组安全建设。

（三）参加职工伤亡事故和职业危害事件的调查处理

参加伤亡事故的调查处理是工会劳动保护工作的重要内容，也是法律赋予工会的重要职责。《工会法》规定：“职工因工伤亡事故和其他严重危害职工健康问题的调查处理，必须有工会参加。工会应当向有关部门提出处理意见，并有权要求追究直接负责的主管人员和有关责任人员的责任。对工会提出的意见，应当及时研究，给予答复。”《安全生产法》和《职业病防治法》也有相关的规定。参加职工伤亡事故和职业危害事件的调查处理，主要是检查是否有瞒报、漏报事故的情况，调查、分析事故原因和确定、处理事故责任者时是否全面、公正，以及职工是否依法获得工伤保险待遇和用人单位的民事赔偿。

（四）组织开展面向职工的安全生产和职业病防治知识宣传、普及

在职工中宣传、普及安全生产和职业病防治知识，是预防事故和职业病的三项基本对策之一，主要是通过定期进行劳动保护教育培训，使广大工会劳动保护干部掌握国家有关劳动安全卫生的法律法规和政策，正确认识做好工会劳动保护工作的重要性，提高专业水平和维护职工安全健康权益的能力；使广大职工群众熟悉国家有关劳动安全卫生的法律、法规、政策以及企业有关安全生产的规章制度，了解自己在安全生产中享有的权利和应履行的义务，不断提高安全素质，做到自觉遵章守纪，最大限度地减少伤亡事故的发生。同时，通过开展知识竞赛、“安全生产月”、“安全生产万里行”、“职业病防治法宣传周”活动等形式，宣传安全生产和职业病防治知识，营造“关爱生命、关注安全”的舆论氛围，推动安全生产各项工作顺利开展。

思考题：

1. 怎样认识工会劳动和经济工作的地位和作用？
2. 工会劳动和经济工作的主要任务是什么？

第二章　产业工人队伍建设改革工作

工人阶级是我国的领导阶级，产业工人是工人阶级的主体力量。产业工人队伍建设改革是习近平总书记亲自点题、亲自部署、亲自指导的重大改革，是党和国家一项具有战略性、全局性的重大决策部署。推进产业工人队伍建设改革旨在针对产业工人队伍建设存在的突出问题，改革不适应产业工人队伍建设要求的体制机制，充分调动广大产业工人的积极性主动性创造性，建设一支宏大的知识型、技能型、创新型劳动者大军，对于进一步巩固党的执政基础、实施制造强国战略、全面提高产业工人素质具有重要意义。

第一节　产业工人队伍建设改革的背景意义

一、产业工人的定义

传统意义上，产业工人是指在现代工厂、矿山、交通运输等企业中从事集体生产劳动，以工资收入为生活来源的工人。我国产业工人主要是指在第一产业的农场、林场，第二产业的采矿业、制造业、建筑业和电力、热力、燃气及水生产和供应业，以及第三产业的交通运输、仓储及邮政业和信息传输、软件和信息技术服务业等行业中从事集体生产劳动，以工资收入为生活来源的工人。

近年来，新技术、新产业、新业态、新模式不断产生和发展，使得新职业不断涌现，自2015年版《中华人民共和国职业分类大典》发布以来，国家共发布四批共56个新职业，涵盖了制造、餐饮、建筑、金融、环保、新兴服务等多个行业。

我国产业工人在产业分布、行业分布、地域分布、企业规模分布上，呈现不同特点。目前，超过八成产业工人集中在第二产业，近八成产业工人集中在制造业和建筑业，近六成产业工人集中在东部地区，近六成产业工人集中在国有大中型企业。

二、产业工人队伍建设改革的背景

新中国成立以来，特别是改革开放40多年来，包括产业工人在内的广大工人阶级着力于生产力的快速发展，其成就超过了历史上的任何时代，为推动经济社会发展作出了卓越贡献，充分彰显了工人阶级主力军作用。在推动时代发展、社会进步中，我国产业工人的数量、规模不断壮大，素质不断提升，权益不断实现。但同时，产业工人队伍建设面临产业工人地位有所弱化、产业工人职业发展通道狭窄、产业工人队伍技术技能素质不高、产业工人培养体系不够完善、产业工人权益保护仍待加强等突出问题。推进产业工人队伍建设改革，迫在眉睫。

党的十八大以来，习近平总书记高度重视工人阶级和工会工作，发表一系列重要讲话，作出一系列重要指示批示，科学回答了工人阶级和工会工作的一系列重大理论和实践问题，形成了习近平总书记关于工人阶级和工会工作的重要论述，为新时代工运事业和工会工作创新发展提供了根本遵循，为推动工会工作高质量发展注入了强大动力。在习近平总书记亲自点题、亲自部署、亲自指导下，党中央决定实施产业工人队伍建设改革。2016年8月，习近平总书记明确要求就新时期产业工人队伍建设改革提出总体思路和系统方案，并明确提出由全国总工会牵头抓总。经习近平总书记批准，2016年8月21日，中央全面深化改革领导小组办公室向全国总工会党组下达《中央全面深化改革领导小组改革任务书》，要求由全国总工会牵头，会同国家发展改革委、教育部、工信部、人社部，研究制定《新时期产业工人队伍建设改革方案》。2017 年 2 月 6 日，习近平总书记主持召开中央全面深化改革领导小组第三十二次会议，审议通过《改革方案》。2017 年 4 月 14 日，中共中央、国务院印发《改革方案》。

三、产业工人队伍建设改革的重大意义

推进产业工人队伍建设改革，是巩固党长期执政的阶级基础和群众基础的迫切需要。工人阶级是我国的领导阶级，产业工人是工人阶级中发挥支撑作用的主体力量，是党最坚实最可靠的执政基础。不断深化产业工人队伍建设改革，加强对产业工人队伍的思想政治引领，健全完善保证产业工人主人翁地位的制度安排，坚定产业工人听党话、感党恩、跟党走的自觉信念，对巩固党的执政基础、扩大党的群众基础，有着极为重要的作用。

推进产业工人队伍建设改革，是实施制造强国战略、推动高质量发展的迫切需要。产业工人是创造社会财富的中坚力量，是创新驱动发展的骨干力量，是实施制造强国战略的有生力量，在加快产业转型升级、推动技术创新、提高企业竞争力等方面具有基础性作用。努力打造一支宏大的高素质产业工人队伍，为高质量发展提供强大的人才支撑，对经济社会持续健康发展具有重要作用。

推进产业工人队伍建设改革，是满足职工群众对美好生活向往的迫切需要。共同富裕是全体人民的富裕。实现高质量发展、促进共同富裕，就是要通过深化产业工人队伍建设改革，回应广大产业工人对美好生活的期待，多渠道助力产业工人享

有更稳定的工作、更满意的收入、更可靠的社会保障、更充足的生活福利、更丰富的精神文化生活，切实增强广大产业工人的获得感、幸福感、安全感。

第二节　产业工人队伍建设改革的总体要求

一、习近平总书记关于产业工人队伍建设改革的重要指示精神

习近平总书记高度重视工人阶级，时刻牵挂着广大产业工人，指出："工人阶级是我国的领导阶级，是先进生产力和生产关系的代表，是坚持和发展中国特色社会主义的主力军。"产业工人是工人阶级中发挥支撑作用的主体力量，是创造社会财富的中坚力量，是创新驱动发展的骨干力量，是实施制造强国战略的有生力量。五年来，习近平总书记多次就推进产业工人队伍建设改革发表重要讲话、作出重要指示。

2018 年 10 月 29 日，习近平总书记在同全国总工会新一届领导班子成员集体谈话时指出，产业工人队伍建设改革是党和国家一项具有战略性、全局性的重大决策部署，工会要牵头抓好贯彻落实，引导广大产业工人勤于钻研技术，练就过硬本领，加快建设一支宏大的知识型、技能型、创新型产业工人大军。2019 年 9 月，习近平总书记对我国技能选手在第 45 届世界技能大赛上取得佳绩作出重要指示，强调要健全技能人才培养、使用、评价、激励制度，大力发展技工教育，大规模开展职业技能培训，加快培养大批高素质劳动者和技术技能人才。2020 年 11 月 24 日，习近平总书记在全国劳动模范和先进工作者表彰大会上强调，要推进产业工人队伍建设改革，落实产业工人思想引领、建功立业、素质提升、地位提高、队伍壮大等改革措施，

造就一支有理想守信念、懂技术会创新、敢担当讲奉献的宏大产业工人队伍。党的十八大以来，全国总工会及各级工会认真贯彻党中央关于工人阶级和工会工作的重要论述，坚持走中国特色社会主义工会发展道路，组织动员广大职工建功立业，做好维权服务工作，推进工会系统自身改革，深化产业工人队伍建设改革，全面加强工会系统党的建设，取得了新的显著成效。2020 年 12 月 10 日，习近平总书记致信祝贺首届全国职业技能大赛举办，强调要高度重视技能人才工作，大力弘扬劳模精神、劳动精神、工匠精神，激励更多劳动者特别是青年一代走技能成才、技能报国之路，培养更多高技能人才和大国工匠，为全面建设社会主义现代化国家提供有力人才保障。2021 年 4 月，习近平总书记对职业教育工作作出重要指示，强调要加快构建现代职业教育体系，培养更多高素质技术技能人才、能工巧匠、大国工匠；加大制度创新、政策供给、投入力度，弘扬工匠精神，提高技术技能人才社会地位，为全面建设社会主义现代化国家、实现中华民族伟大复兴的中国梦提供有力人才和技能支撑。2022 年 4 月 27 日，习近平总书记在致首届大国工匠创新交流大会的贺信中，强调技术工人队伍是支撑中国制造、中国创造的重要力量；我国工人阶级和广大劳动群众要大力弘扬劳模精神、劳动精神、工匠精神，适应当今世界科技革命和产业变革的需要，勤学苦练、深入钻研，勇于创新、敢为人先，不断提高技术技能水平，为推动高质量发展、实施制造强国战略、全面建设社会主义现代化国家贡献智慧和力量；各级党委和政府要深化产业工人队伍建设改革，重视发挥技术工人队伍作用，使他们的创新才智充分涌流。

2022 年 10 月 16 日，习近平总书记在党的二十大报告中强调，我国是工人阶级领导的、以工农联盟为基础的人民民主专政的社会主义国家，国家一切权力属于人民；高质量发展是全面建设社会主义现代化国家的首要任务；加快建设现代化经济体系，着力提高全要素生产率，着力提升产业链供应链韧性和安全水平；建设现代化产业体系，坚持把发展经济的着力点放在实体经济上，推进新型工业化，加快建设制造强国、质量强国、航天强国、交通强国、网络强国、数字中国；坚持尊重劳动、尊重知识、尊重人才、尊重创造；加快建设国家战略人才力量，努力培养造就更多大师、战略科学家、一流科技领军人才和创新团队、青年科技人才、卓越工程师、大国工匠、高技能人才；在全社会弘扬劳动精神、奋斗精神、奉献精神、创造精神、勤俭节约精神，培育时代新风新貌；加强新经济组织、新社会组织、新就业群体党的建设；注重从青年和产业工人、农民、知识分子中发展党员。2022 年 10 月 17 日，习近平总书记在参加党的二十大广西代表团讨论时指出，我们的现代化既是最难的，也是最伟大的。从这个角度看，紧紧依靠工人阶级是必不可少的，工人阶级代表先进生产力。不能瞧不起产业工人。我们建设现代化，就要抓制造业，搞实体经济。一定要转变观念，大力培养产业工人。

习近平总书记的重要讲话、重要指示，围绕推进产业工人队伍建设改革、保障产业工人主人翁地位、提高产业工人队伍素质、维护产业工人合法权益、发挥产业工人作用等，提出了一系列新思想新观点新要求，主要集中在以下方面。

一是突出强调产业工人的地位和作用。习近平总书记指出，工人阶级和广大劳动群众始终是推动我国经济社会发展、维护社会安定团结的根本力量，产业工人是工人阶级的主体力量。全心全意依靠工人阶级不能只当口号喊、当标签贴，而要贯彻到党和国家政策制定、工作推进全过程，落实到企业生产经营各方面。我国广大职工要牢牢把握为实现中华民族伟大复兴中国梦而奋斗的时代主题，把自身前途命运同国家和民族前途命运紧紧联系在一起，把个人梦同中国梦紧密联系在一起，把实现党和国家确立的发展目标变成自己的自觉行动。

二是明确提出产业工人队伍建设改革的目标任务。习近平总书记指出，要从巩固党的执政基础的高度，从促进我国经济社会持续健康发展的高度，加快产业工人队伍建设改革，坚持全心全意依靠工人阶级的方针，按照“政治上保证、制度上落实、素质上提高、权益上维护”的总体思路，针对影响产业工人队伍发展的突出问题，创新体制机制，提高产业工人素质，畅通发展通道，依法保障权益，造就一支有理想守信念、懂技术会创新、敢担当讲奉献的宏大的产业工人队伍。

三是不断强化对产业工人的思想政治引领。习近平总书记指出，引导职工群众听党话、跟党走，巩固党执政的阶级基础和群众基础，是工会组织的政治责任。要加强和改进职工思想政治工作，多做组织群众、宣传群众、教育群众、引导群众的工作，多做统一思想、凝聚人心、化解矛盾、增进感情、激发动力的工作，使广大职工在理想信念、价值理念、道德观念上紧紧团结在一起。要最大限度把农民工吸收到工会中来，加强对农民工的教育引导，使他们成为工人阶级坚定可靠的新生力量。

四是充分发挥劳动模范和工匠人才的示范带动作用。习近平总书记指出，劳动模范是民族的精英、人民的楷模。大国工匠是职工队伍中的高技能人才。体现在他们身上的劳模精神、劳动精神、工匠精神，是伟大民族精神的重要内容。要在全社会弘扬精益求精的工匠精神，激励广大青年走技能成才、技能报国之路。工会要协同各个方面为劳动模范、大国工匠发挥作用搭建平台、提供舞台，为劳模、工匠传承技能、传承精神创造条件，培养造就更多劳动模范、大国工匠。

五是努力提升产业工人技术技能素质。习近平总书记指出，劳动者素质对一个国家、一个民族发展至关重要，技术工人队伍是支撑中国制造、中国创造的重要基础，对推动经济高质量发展具有重要作用。要始终高度重视提高劳动者素质，完善职业教育和培训体系，深化产教融合、校企合作，大规模开展职业技能培训，引导广大产业工人勤于钻研技术，练就过硬本领，加快建设一支宏大的知识型、技能型、创新型产业工人大军。

六是着力加大对产业工人合法权益维护。习近平总书记指出，保障职工群众经济、政治、文化、社会权益是我国社会主义制度的根本要求，是党和国家的神圣职责，也是发挥广大职工群众积极性、主动性、创造性最重要最基础的工作。要切实维护广大劳动群众合法权益，帮助广大劳动群众排忧解难，积极构建和谐劳动关系。工会要坚持以职工为中心的工作导向，抓住职工群众最关心最直接最现实的利益问题，认真履行维护职工合法权益、竭诚服务职工群众的基本职责。

习近平总书记的重要指示和论述，为推进产业工人队伍建设改革指明了前进方向，提供了根本遵循，充分体现了以习近平同志为核心的党中央对包括产业工人在内的工人阶级的高度重视和亲切关怀，释放了党中央始终坚持以人民为中心的发展思想和全心全意依靠工人阶级方针的强烈信号，对进一步巩固党的执政基础，实施制造强国战略，全面提高产业工人素质，具有重大而深远的意义。

二、产业工人队伍建设改革的指导思想

《改革方案》提出，产业工人队伍建设改革的指导思想是，高举中国特色社会主义伟大旗帜，全面贯彻党的十八大和十八届三中、四中、五中、六中全会精神，坚持以邓小平理论、“三个代表”重要思想、科学发展观为指导，深入贯彻习近平总书记系列重要讲话精神和治国理政新理念新思想新战略，围绕统

筹推进“五位一体”总体布局和协调推进“四个全面”战略布局，坚持稳中求进工作总基调，贯彻落实新发展理念，适应把握引领经济发展新常态，按照“政治上保证、制度上落实、素质上提高、权益上维护”的总体思路，改革不适应产业工人队伍建设要求的体制机制，充分调动广大产业工人的积极性主动性创造性，为实现“两个一百年”奋斗目标、实现中华民族伟大复兴的中国梦更好地发挥产业工人队伍的主力军作用。

三、产业工人队伍建设改革的基本原则

《改革方案》明确提出，推进新时期产业工人队伍建设改革必须“坚持党的领导，把握正确方向；坚持服务大局，发挥支撑作用；坚持以人为本，落实主体地位；坚持问题导向，勇于改革创新”。这四条基本原则，深刻反映和总结了我们党对产业工人队伍发展变化与特点规律的认识，是推进新时期产业工人队伍建设改革的重要依据、根本准绳和行动规范。

坚持党的领导，把握正确方向是根本。产业工人作为工人阶级的主体力量，最有组织性、纪律性和革命性，理应在接受党的领导方面更自觉、更坚定、走在最前列。加强和改进党对产业工人的领导，必须坚持全心全意依靠工人阶级的方针，必须坚守忠诚党的事业、竭诚服务职工的责任担当，最广泛地把产业工人组织动员起来，为实现党和国家的目标任务建功立业。

坚持服务大局，发挥支撑作用是中心。我国工人运动始终与党领导的伟大事业紧密相连，始终把实现党在不同历史时期确立的目标作为自身的历史使命和时代主题。推进产业工人队伍建设，必须牢牢把握为实现中华民族伟大复兴中国梦而奋斗的工人运动时代主题，着力提升产业工人的素质能力，努力建设知识型、技能型、创新型产业工人队伍，引导他们通过辛勤劳动、诚实劳动、创造性劳动，推动经济社会高质量发展。

坚持以人为本，落实主体地位是落脚点。贯彻落实以人民为中心的发展思想，具体到产业工人队伍建设改革问题，就是要明确改革的落脚点，推动改革往有利于维护社会公平正义方向前进，往有利于促进产业工人实现体面劳动、全面发展方向前进，从解决产业工人普遍关心的突出问题入手，提高产业工人的经济、政治、文化、社会地位，让产业工人有更多获得感，劳动权益有更多保障，劳动热情竞相迸发，创造才智充分涌流。

坚持问题导向，勇于改革创新是方法。产业工人队伍结构复杂、分布广泛，在不同群体、不同产业、不同行业、不同地域和不同所有制企业之间都存在较大差异。要把握不同区域、不同行业、不同规模、不同所有制企业的不同性质和特点，因地制宜、因企施策，抓住重点和难点，破除束缚产业工人队伍建设的思想观念和体制机制，清障搭台，强化保障，积极稳妥推进改革，确保改革落地见效。

四、产业工人队伍建设改革的目标任务

《改革方案》包括总体要求、主要举措和组织实施三部分内容。强调要按照“政治上保证、制度上落实、素质上提高、权益上维护”的总体思路，改革不适应产业工人队伍建设要求的体制机制，充分调动广大产业工人的积极性主动性创造性，为实现“两个一百年”奋斗目标、实现中华民族伟大复兴的中国梦更好地发挥产业工人队伍的主力军作用。

改革的目标任务是把产业工人队伍建设作为实施科教兴国战略、人才强国战略、创新驱动发展战略的重要支撑和基础保障，纳入国家和地方经济社会发展规划，通过改革，产业工人队伍不断壮大、综合素质明显提高，保障产业工人地位的制度更加健全，产业工人合法权益进一步实现，劳动光荣、技能宝贵、创造伟大的时代风尚更加浓厚，造就一支有理想守信念、

懂技术会创新、敢担当讲奉献的宏大的产业工人队伍。

主要改革举措包括加强和改进产业工人队伍思想政治建设、构建产业工人技能形成体系、运用互联网促进产业工人队伍建设、创新产业工人发展制度、强化产业工人队伍建设支撑保障五个方面25条具体措施。

第三节　产业工人队伍建设改革的重点任务

2020年11月24日，习近平总书记在全国劳动模范和先进工作者表彰大会上强调，要推进产业工人队伍建设改革，落实产业工人思想引领、建功立业、素质提升、地位提高、队伍壮大等改革措施，造就一支有理想守信念、懂技术会创新、敢担当讲奉献的宏大的产业工人队伍。产业工人队伍建设改革包含五大重点任务：思想引领、建功立业、素质提升、地位提高和队伍壮大。

一、思想引领

思想引领作为首要任务，其核心在于坚定产业工人听党话、感党恩、跟党走的信念，包括加强和改进产业工人思想政治建设，强化和创新产业工人队伍党建工作，营造崇尚劳动、关心产业工人的社会氛围等重点内容。加强和改进产业工人思想政治建设，要坚持用习近平新时代中国特色社会主义思想教育广大产业工人，深入开展理想信念教育，强化职业精神和职业素养教育，加强法治教育，培育和践行社会主义核心价值观，强化产业工人主人翁意识，引导广大产业工人坚定不移听党话、矢志不渝跟党走。强化和创新产业工人队伍党建工作，重点是加大在产业工人队伍中发展党员力度，把技术能手、青年专家、优秀工人吸收到党组织中来，注重推进在非公有制企业、社会组织及小微企业就业的工人中发展党员的工作，加强企业党组织建设，实现党的组织、党的工作和党员作用的全覆盖，建设一个能够团结带领职工群众推进企业改革发展的坚强战斗堡垒。着力营造崇尚劳动、关心产业工人的社会氛围，发挥思想政治工作阵地作用，加强网上思想引领工作，采用生动活泼、灵活多样的方式，突出做好非公经济组织等重点领域和青年职工、农民工等重点群体工作，把解决产业工人思想问题同解决实际问题结合起来，增强思想引领的针对性、实效性，感染力、说服力。

二、建功立业

建功立业以搭建产业工人建功立业平台为重点，团结动员广大产业工人在经济社会发展大局中充分发挥主力军作用，包括改进劳动和技能竞赛体系，加大产业工人创新创效扶持力度等重点任务。改进劳动和技能竞赛体系，要着力构建以世界技能大赛为引领、全国职业技能大赛为龙头、全国行业职业技能竞赛和地方各级职业技能竞赛以及专项赛为主体、企业和院校职业技能比赛为基础的具有中国特色的职业技能竞赛体系；围绕国家重大战略、重大工程、重大项目、重点产业，广泛深入持久开展劳动和技能竞赛。加大产业工人创新创效扶持力度，深化“五小”等群众性经济技术创新活动，开展先进操作法总结、命名和推广，加大职工创新工作室、劳模创新工作室、技能大师工作室建设力度，探索创建跨区域、跨行业、跨企业的创新工作室联盟；通过开展全国职工优秀创新成果评选，适当增加国家科技进步奖推荐名额，举办大国工匠创新交流大会等，鼓励和支持产业工人创新成果评选、展示，推动大众创业、万众创新蓬勃发展。

三、素质提升

素质提升重点是构建产业工人技能形成体系，包括完善现代职业教育制度、改革职业技能培训制度、统筹发展职业学校教育和职业培训等重点内容。完善现代职业教育制度，要加强职业教育、继续教育、普通教育的有机衔接，形成定位清晰、科学合理的职业教育层次结构。加大产业工人职业技能培训力度，统筹发展好职业院校教育和职业培训，以产教融合建设试点为抓手，探索产业与教育深度融合新路径，完善现代职业教育体系。鼓励企业承担技能人才培养使用主体责任，依托企业建设一批产业工人技能实训基地，引导企业加大在岗培训力度，推行现代学徒制和新型学徒制，向产业工人提供普惠性、均等化、贯穿学习和职业生涯全过程的终身职业技能培训。创造更多有利条件，鼓励引导产业工人积极主动参加在职学历提升，使产业工人在提高技术技能素质的同时不断提高科学文化素质。

四、地位提高

地位提高从解决产业工人普遍关心的突出问题入手，着力提高产业工人的经济、政治、文化、社会地位，实现体面劳动、全面发展。围绕提高产业工人政治地位，健全相关制度安排，适当增加产业工人在党的代表大会代表和委员会委员、人民代表大会代表、政协委员、群团组织代表大会代表和委员会委员中的比例；完善以职工代表大会为基本形式的企事业单位民主管理制度，丰富民主参与形式，畅通民主参与渠道。围绕拓宽产业工人发展空间、畅通产业工人发展通道，健全政策制度，贯彻落实中央办公厅、国务院办公厅印发的《关于提高技术工人待遇的意见》，完善按技术技能要素参与分配的有关政策，创新技能导向的激励机制，强化正确的人才观念、用人导向，不断优化技能型人才成长的环境，打破产业工人职业转换、岗位调整、职位晋级的限制，消除阻碍产业工人发展的各项制度性障碍，努力提高产业工人各方面待遇水平，彰显产业工人主人翁地位。

五、队伍壮大

队伍壮大着眼巩固党长期执政的阶级基础和群众基础，加大对产业工人队伍发展状况的分析研判，聚焦存在的突出矛盾，推动解决影响队伍壮大的主要问题。要坚持“抓两头”，一头抓制造业工人队伍，以推动提高工资收入水平、加强技术技能培训、改善工作环境和条件、强化企业民主管理和社会保障、提升工作稳定性、畅通职业发展通道等为重点，着力破解劳动者不愿进工厂、当工人的难题，努力保持制造业工人队伍总体稳定并逐步壮大；一头抓新就业形态劳动者队伍，巩固拓展新就业形态劳动者建会入会成果，推动解决新就业形态劳动者反映强烈的劳动报酬、社会保险、休息休假、职业安全等突出问题，让新就业形态劳动者成为产业工人队伍的重要力量。

第四节　产业工人队伍建设改革的组织领导

一、推进产业工人队伍建设改革协调小组及办公室

《改革方案》要求，由全国总工会牵头、各相关部门参与，加强对产业工人队伍建设改革的宏观指导、政策协调和组织推进。

2017 年，全国总工会会同中央组织部、国家发展改革委、教育部、工信部、财政部、人社部、国务院国资委等 8 部门作为成员单位，中央宣传部、中央统战部等 22 部门作为参与单位，组成全国推进产业工人队伍建设改革协调小组。

全国总工会主要负责同志担任组长，全国总工会分管负责同志担任副组长，其他成员单位的分管负责同志为成员，30 家组成单位有关司局负责同志担任联络员。

协调小组的主要职责是，贯彻落实党中央、国务院关于新时期产业工人队伍建设改革的有关决议、决定，指导全国推进新时期产业工人队伍建设改革工作；做好对产业工人队伍建设改革的宏观指导、政策协调和组织推进；研究提出产业工人队伍建设改革阶段性工作规划、年度工作计划及工作总结；组织开展产业工人队伍建设改革经验总结、交流推广和宣传报道工作；向党中央及中央改革办汇报相关工作情况；研究决定其他有关重大事项等。

协调小组下设办公室，负责处理协调小组日常工作。办公室设在全国总工会，办公室主任由协调小组副组长兼任。

二、全国总工会推进产业工人队伍建设改革工作领导小组

为切实加强领导，抓好全国总工会承担的推进产业工人队伍建设改革任务落实，2021 年 6 月，全国总工会成立全国总工会推进产业工人队伍建设改革工作领导小组，全国总工会党组书记、副主席、书记处第一书记担任组长，全国总工会书记处相关负责同志担任副组长，办公厅、宣传教育部、研究室、劳动和经济工作部主要负责同志和七个驻会全国产业工会主席担任成员。其职责主要包括，贯彻落实党中央、国务院关于新时期产业工人队伍建设改革的有关决议、决定和推进产业工人队伍建设改革协调小组工作部署，研究确定如何发挥全国总工会牵头抓总作用，推进新时期产业工人队伍建设改革的思路和举措；研究审定全国总工会产业工人队伍建设改革阶段性工作规划、年度工作计划及工作总结、有关专项工作方案和总结报告等；对工会系统产业工人队伍建设改革任务完成情况进行督促检查；向党中央及中

央改革办汇报全国总工会推进产业工人队伍建设改革相关工作情况；研究决定其他有关重大事项等。领导小组办公室工作由推进产业工人队伍建设改革协调小组办公室一并承担。

三、各地推进产业工人队伍建设改革组织领导机构

各省（区、市）均成立了推进产业工人队伍建设改革组织领导机构，其中26个省（区、市）的省委副书记、6个省（市）的省委常委或省级领导担任协调（领导）小组组长。普遍制定产改专项规划或纳入地方整体规划，把产改工作列入年度考核或督查范围，加强组织领导，压紧压实责任，推动协调机制有效运转，改革工作有序推进。

第五节　产业工人队伍建设改革的工作机制

为充分调动各方积极性，推动落实改革任务，协调小组先后制定了协调小组及办公室工作机制，以及产业工人队伍建设改革的评价考核机制、全国产业工会作用发挥机制、专题培训机制、发挥企业主体作用机制和分类指导机制。

一、协调小组及办公室工作机制

2020年8月，协调小组出台《推进产业工人队伍建设改革协调小组工作规则》，建立协调小组会议制度、改革任务牵头工作机制、联络员工作制度、调研督查督办工作制度等，原则上每年召开一次协调小组会议，研究提出产业工人队伍建设改革阶段性工作规划、年度工作计划及工作总结，加强宏观指导、政策协调和组织推进。

2021年6月，协调小组印发《关于健全完善推进产业工人队伍建设改革协调小组办公室工作机制的通知》，明确协调小组

办公室下设综合组、联络组、研究组、宣传组、培训组、保障组、督查组等七个工作小组，实行组长负责制，每季度召开一次会议，通报各小组工作情况，就下一步工作和有关重点难点问题进行研究。

二、评价考核机制

2022 年 3 月，协调小组印发《关于建立推进产业工人队伍建设改革工作情况评价考核机制的意见》，建立对各省（区、市）推进产业工人队伍建设改革工作情况定期评价考核机制，全面深入掌握《改革方案》贯彻落实情况，推动重点任务有效落实，推进改革政策集成优化，增强工作指导精准性。评价考核工作由协调小组统筹领导，协调小组办公室牵头组织实施。

评价考核内容包括综合评价考核和关键绩效评价考核。综合评价考核紧扣产业工人队伍建设改革目标实现、改革举措落实、改革工作组织实施等情况，围绕组织领导、思想引领、素质提升、队伍壮大、地位提高、权益维护、社会评价等方面，建立由 7 个一级指标、25 个二级指标和 88 个三级指标构成的考核指标体系。关键绩效评价考核以改革目标为牵引、以改革结果为导向，从提高产业工人政治地位、经济地位、社会地位三方面，明确 14 项关键绩效指标。每年对各地产改工作情况进行汇总分析，每两年组织一次全国性产改工作情况评价考核，每五年开展一次全国性产改专项督查，充分发挥评价考核的“指挥棒”作用。

评价考核结果以协调小组专报的形式进行通报，同时呈报党中央，为协调小组分析研判、分类指导、督查督办提供依据。获得优秀等次的省（区、市）在全国五一劳动奖和全国工人先锋号推荐名额上予以适当倾斜。鼓励协调小组各成员单位和参与单位加大对获得优秀等次的省（区、市）相关工作的评优表彰力度。对于连续被评为一般和差的省（区、市），协调小组将对其进行批评、约谈，限期进行督查整改。

三、全国产业工会作用发挥机制

2021 年 6 月，协调小组印发《关于建立全国产业工会推进产业工人队伍建设改革作用发挥机制的意见》。要求各全国产业工会把产改作为“一把手”工程，建立全委会主要负责同志负总责的改革领导机构，并推动有条件的委员单位成立相应组织机构。把推进产业工人队伍建设改革列入全委会和常委会的重要议事日程，成立工作专班，制定本产业贯彻落实的具体意见，明确责任分工，定期召开联席会、推进会，形成齐抓共推的整体合力。聚焦重点任务，在提升产业工人思想引领吸引力、增强产业工人建功立业实效性、攻克产业工人素质提升难点、进一步壮大产业工人队伍上取得新进展。发挥联系广泛、熟悉产业、直通基层的优势，坚持典型引路、试点先行，探索形成一批具有本产业特色、针对性操作性强、可复制可推广的经验做法，并推动上升为社会认可、企业欢迎、职工叫好的政策制度。着力促进企业落实，充分发挥委员单位特别是常委会委员单位的作用，推动大中型企业特别是国有大中型企业当表率、作示范，并通过供应链传递落实责任，带动全产业不同所有制企业以及未建工会企业合力推进改革。坚持问题导向，深入开展调查研究，了解和掌握产业工人队伍建设中存在的深层次、普遍性问题，一些自身难以解决的问题，积极建言献策推动解决。

四、专题培训机制

2022 年 3 月，协调小组印发《关于建立健全推进产业工人队伍建设改革专题培训机制的意见》，就建立专题培训制度、师资队伍建设制度、课程和教材开发制度、培训阵地作用发挥制度、培训组织领导制度提出明确意见。

开展分级分类培训，全国总工会会同有关部委，每年举办一期专题研讨班或培训班，各省级推进产业工人队伍建设改革组织领导机构每年举办一期培训班并统筹推进本地区的培训工作，各全国产业工会根据系统特点加强培训，基层工会立足实际组织有针对性的应用培训。加强师资队伍建设，各级工会及工会院校建立健全专职教师知识更新机制和实践锻炼制度，选聘专家学者、劳动模范、大国工匠、技能人才等担任兼职教师，探索建立产业工人队伍建设改革培训师资库。充分发挥工会干部院校阵地作用，精心设计推进产业工人队伍建设改革培训项目，积极推动产业工人队伍建设改革培训进党校（行政学院），充分利用“学习强国”、“技能强国-全国产业工人学习社区”学习平台和各级工会网络平台开展网络专题培训。推进产业工人队伍建设改革协调小组设立培训组，加强培训组织领导，制订专题培训计划，抓好督促落实。

五、发挥企业主体作用机制

2022 年 3 月，协调小组印发《关于建立发挥企业推进产业工人队伍建设改革主体作用机制的意见》，对强化企业落实改革政策举措的主体责任，提出明确要求。2022 年 11 月，全国总工会、国务院国资委联合印发《关于充分发挥国有企业在推进产业工人队伍建设改革中带动作用的意见》，为国有企业深化产改、充分发挥示范带动作用提供了政策依据和工作指导。

要聚焦重点，在强化产业工人思想引领、增强产业工人建功立业实效性、提升产业工人素质、维护产业工人权益上下功夫，强化和落实企业培养产业工人的主体责任。要多方发力，企业负责人要把推进产改作为“一把手”工程，与企业其他业务工作同谋划、同部署、同推进、同考核，在人财物等方面强化保障；企业工会要发挥牵头抓总作用，加强统筹协调，调动企业各方的资源和力量。要加强分类指导，对国有企业，要强化政治责任，指导其把产改作为国企改革的一项重要内容，纳入党建工作责任制考核；对非公有制企业，积极探索将推进改革情况纳入全国五一劳动奖等相关评选和荣誉表彰中，加大劳动保障监察力度，督促企业依法规范用工，积极履行社会责任。要强化领导，建立推进企业改革工作责任制，建立完善各级推进改革协调（领导）小组成员单位联系企业制度，推广改革指导员制度。

六、分类指导机制

2022 年 8 月，协调小组印发《关于建立健全推进产业工人队伍建设改革分类指导机制的意见》，针对高技能领军人才、技术工人、农民工等不同群体产业工人队伍建设改革工作，提出分类指导意见。

针对高技能领军人才，通过完善工资正常增长机制，拓宽收入渠道，加强作用发挥，强化评价使用激励，优化社会环境，全面提高其待遇和保障水平。针对技术工人，加大培养培训力度，完善技术工人培养、评价、使用、激励、保障等措施，优化社会环境，不断营造良好社会氛围，实现技高者多得、多劳者多得，激发技术工人积极性、主动性、创造性。针对农民工，通过保障农民工工资支付、提升农民工学历与能力、提高农民工技能水平等，将农民工培养成合格产业工人，提升农民工的政治、经济和社会待遇，促进农民工融入城市稳定就业，平等享受各项服务保障措施。

思考题：

1. 党和国家为什么要开展产业工人队伍建设改革？
2. 产业工人队伍建设改革的目标任务是什么？
3. 如何推动产业工人队伍建设改革政策举措落地落实？

第三章 劳动和技能竞赛工作

劳动和技能竞赛作为工会工作的传统优势、工作品牌，是工会围绕中心、服务大局的重要手段和载体。2020 年 11 月 24 日，习近平总书记在全国劳动模范和先进工作者表彰大会上强调，要立足党和国家各项事业发展全局，立足党中央对改革发展稳定各项工作的决策部署，围绕国家重大战略、重大工程、重大项目、重点产业，广泛深入持久开展劳动和技能竞赛，积极参加群众性创新活动，汇聚起众志成城的磅礴力量。党的二十大确定了以中国式现代化全面推进中华民族伟大复兴的使命任务，提出要坚持把发展经济的着力点放在实体经济上，推进新型工业化，加快建设制造强国、质量强国、航天强国、交通强国、网络强国、数字中国。习近平总书记关于工人阶级和工会工作的重要论述和党的二十大精神为我们在全面建设社会主义现代化国家新征程上做好工会劳动和技能竞赛工作指明了前进方向。要坚持广泛、深入、持久的总体要求，充分发挥工会劳动和技能竞赛在职工成长成才、促进企业进步等方面的积极作用，团结动员广大职工为实现高质量发展、以中国式现代化全面推进中华民族伟大复兴建功立业。

第一节 劳动和技能竞赛的概念、功能和特点

劳动和技能竞赛是工会的一项传统工作，其在民主革命和社会主义建设时期都发挥了重要作用，更是新时代工会劳动和

经济工作的重要内容。习近平同志在2009年庆祝“五一”国际劳动节暨保增长促发展劳动竞赛推进大会上的讲话中指出：“群众性劳动竞赛活动，作为提高职工素质、推动企业进步、促进经济发展的重要途径，作为工会围绕中心、服务大局的重要载体，在新中国60年发展史上写下了并继续书写着浓重的一笔。”

一、劳动和技能竞赛的概念

劳动和技能竞赛是工会经济技术工作的重要内容，是工会围绕中心、服务大局的重要手段和载体，在工会工作全局中具有重要地位。劳动和技能竞赛是工会组织开展的旨在激发职工主人翁精神、调动职工积极性、团结动员职工投身国家经济建设的一系列活动。根据竞赛内容的不同，劳动和技能竞赛可划分为三类，即生产型竞赛、智能型竞赛、技能型竞赛。

生产型竞赛即生产竞赛，是旨在调动职工积极性、促进某一生产任务完成而开展的竞赛活动。

智能型竞赛，是旨在开发职工智能、促进技术进步和加强经营管理而开展的竞赛活动，包括合理化建议、技术攻关、技术革新和发明创造等，又称为职工技术创新活动。

技能型竞赛，是旨在帮助职工掌握操作技法、促进职工技能水平普遍提高而开展的竞赛活动，包括岗位练兵、技能比赛等活动，又称为职工技能素质提升活动。

当前，我们提倡多开展智能型竞赛和技能型竞赛，这也是新时代劳动和技能竞赛活动的重点。

二、劳动和技能竞赛的功能

劳动和技能竞赛是人的需求与社会生产矛盾的产物。和谐的劳动关系是开展劳动和技能竞赛的前提。劳动和技能竞赛激发了广大职工的创造性劳动，推动了企业发展，提高了职工素质，有利于协调工会与政府、职工与企业、职工与职工之间的关系。

（一）创造功能

劳动和技能竞赛不是一般的劳动，而是创造性劳动，其本质在于它的创造性。劳动和技能竞赛能够有效地调动人们的积极性，激发人们的创造热情，因而竞赛的成果要优于人们在正常工作情况下取得的成果。这是因为，在一般情况下，企业制订的生产计划指标，是按照生产能力、技术水平、原料供应程度、资金占有额等正常情况考虑的，不可能将那些潜在的、尚未形成生产能力的因素，如技术革新、合理化建议、可能创造出的新材料以及职工的潜力等，作为计划制订的条件。因此，要在规定的时间内超额完成生产计划，就需要创造性的劳动。这种创造性的劳动只有通过劳动和技能竞赛才能实现。这也是劳动和技能竞赛同行政组织生产的区别。从实践来看，创新、创先、创优一直是劳动和技能竞赛应具备的基本内涵。这种创造功能体现得越充分，劳动和技能竞赛的效果就越显著。

（二）激励功能

劳动和技能竞赛的激励功能是指通过开展“比学赶帮超”活动，激发职工的主人翁责任感，使蕴藏在职工群众中的智慧、积极性和创造力充分发挥出来，从而使职工产生对工作的热情和进取心，并把这种热情和进取心变成行动，达到竞赛的目的。职工通过劳动和技能竞赛，付出了劳动，可以得到与之相应的物质利益。同时，也会因为对社会履行了义务，或者获得某种荣誉而产生自豪感，得到精神上的愉悦。劳动和技能竞赛正是在这一点上为职工群众提供了一个广阔的舞台，激励职工发挥聪明才智，创造更好的成绩，作出更大的贡献。

（三）教育功能

劳动和技能竞赛的教育功能主要体现在：一是职工通过竞

赛可以学到先进的文化知识、技能和经验，开阔眼界，丰富生产经验，提高生产效率，增强岗位竞争能力，同时发现不足，找到差距，以便取长补短，共同进步；二是通过劳动和技能竞赛可以为广大职工提供正确的导向，如先进人物的优秀品质、团结互助的集体主义精神和大公无私的奉献精神等都会影响和感染职工，使职工树立正确的世界观、人生观和价值观，从而培养和造就一支知识型、技能型、创新型的职工队伍。

此外，通过劳动和技能竞赛，可以促进职工群众和企业形成利益共同体，增进职工团结，同时把工会和政府（行政）部门联结成合作伙伴。企业通过开展竞赛，发展了生产，提高了效益，就有了提高职工工资水平和福利待遇的基础，从而促进企业和职工之间建立良性互动关系。在竞赛中，职工团结互助、共同提高，有利于融洽职工之间的关系。工会通过开展劳动和技能竞赛，帮助政府（行政）发展经济（生产），有利于工会和政府的相互合作和相互支持。

三、劳动和技能竞赛的特点

劳动和技能竞赛具有群众性、广泛性、民主性的特点。

（一）群众性

群众性是劳动和技能竞赛的首要特点。劳动和技能竞赛的群众性不仅表现在它吸引了千百万职工群众自觉自愿地积极参加，而且表现在它在指导思想上和各个环节上都坚持了相信群众、依靠群众的原则。它强调职工的主人翁责任感和职工在竞赛中的主体地位，强调尊重和调动职工的积极性、创造性和聪明才智，强调在竞赛过程中职工群众实行自我教育和自我激励，主动为企业创一流成绩、作一流贡献。劳动和技能竞赛所要实现的目标，是建立在职工自觉自愿基础上的，而不是依靠行政命令。这些都充分说明了劳动和技能竞赛的群众性。

（二）广泛性

劳动和技能竞赛的广泛性，首先表现为参与者的广泛性，无论是生产工人、工程技术人员，还是经营管理人员都可以参加竞赛，组织领导上由党政工齐抓共管，竞赛可以在企业内部进行，也可以在企业与企业之间进行；其次表现为竞赛内容的广泛性，从生产到流通，从经营到管理都可以纳入竞赛，从而全面提高企业的竞争能力；最后表现为竞赛影响的广泛性，在劳动和技能竞赛中形成的学赶先进的热潮和产生的劳动模范人物，影响和带动着全社会，促进了我国的物质文明和精神文明建设。

（三）民主性

劳动和技能竞赛不仅是调动职工积极性、推动企业发展的一种方式，同时也是发挥职工主动性和创造性，使之自觉参与生产经营管理的重要形式。这也是劳动和技能竞赛的目的之一。在劳动和技能竞赛活动中，实行的是自下而上的群众自我管理与自上而下的行政管理相结合的民主管理方法，有利于职工通过自我管理，提高民主管理水平。劳动和技能竞赛还是企业民主管理的重要手段和重要内容。职工通过竞赛，充分发挥自身的聪明才智，对企业的生产经营管理提出意见，从而达到参与企业管理的目的。

第二节　劳动和技能竞赛的法律依据和应遵循的原则

一、劳动和技能竞赛的法律依据

《宪法》、《劳动法》、《工会法》、《中国工会章程》等法律、章程都对工会组织开展劳动和技能竞赛作出了明确规定。

《宪法》第四十二条规定，中华人民共和国公民有劳动的权利和义务。国家提倡社会主义劳动竞赛，奖励劳动模范和先进工作者。国家提倡公民从事义务劳动。

《劳动法》第六条规定，国家提倡劳动者参加社会义务劳动，开展劳动竞赛和合理化建议活动，鼓励和保护劳动者进行科学研究、技术革新和发明创造，表彰和奖励劳动模范和先进工作者。

《工会法》第三十二条规定，工会会同用人单位加强对职工的思想政治引领，教育职工以国家主人翁态度对待劳动，爱护国家和单位的财产；组织职工开展群众性的合理化建议、技术革新、劳动和技能竞赛活动，进行业余文化技术学习和职工培训，参加职业教育和文化体育活动，推进职业安全健康教育和劳动保护工作。

《中国工会章程》第二十八条规定，基层工会委员会的基本任务之一是组织职工开展劳动和技能竞赛、合理化建议、技能培训、技术革新和技术协作等活动，培育工匠、高技能人才，总结推广先进经验。做好劳动模范和先进生产（工作）者的评选、表彰、培养和管理服务工作。

二、劳动和技能竞赛应遵循的原则

市场经济并不排斥劳动和技能竞赛，相反，市场经济为劳动和技能竞赛提供了更大的发展空间。市场经济条件下开展劳动和技能竞赛必须遵循一定的原则，这些原则既要体现劳动和技能竞赛的内在规律，又要适应市场经济的要求，实现企业、职工和工会三赢。开展劳动和技能竞赛的原则，主要体现在以下五个方面。

（一）为经济建设和企业生产经营服务

劳动和技能竞赛的一个重要目的是促进经济建设和企业发展。因此，一方面，劳动和技能竞赛要紧紧围绕经济建设这个中心，把职工的智慧和力量引导到促进经济发展上来，通过竞赛活动，使先进的生产和管理经验得到迅速推广，从而使少数先进生产水平转化普及为全社会的生产水平，促进经济的发展；另一方面，要求劳动和技能竞赛的组织者必须了解企业发展的目标和任务，熟悉企业生产工作过程的所有环节，尤其要了解企业关键领域中的薄弱环节，真正把企业迫切需要解决的实际问题选出来，作为竞赛的目标，并在活动中加以解决。

（二）互相学习、互相帮助、取长补短、共同提高

这一原则是20世纪50年代提出的劳动和技能竞赛的基本原则，它反映了劳动和技能竞赛的基本规律，体现了劳动者之间的互助合作关系。劳动和技能竞赛不仅是评出几名优胜者，更要求先进者带动和帮助后进者，后进者向先进者学习，以求共同提高，把少数人和少数单位的先进水平变成全社会的水平，不断推动生产力向前发展。

（三）有利于职工群众参与

劳动和技能竞赛是一项群众性很强的活动，这就要求在制定竞赛目标时，要坚持“从群众中来，到群众中去”的原则，广泛听取群众意见，发动群众进行充分讨论，在取得群众认可的基础上形成最终的目标，切忌脱离群众；竞赛形式要从实际出发，灵活多样，使活动富有吸引力，为职工所欢迎；活动方法要注意带动、吸引职工自觉自愿参与，避免强制性。总之，劳动和技能竞赛要在职工自愿参加的基础上开展，把竞赛真正变成职工群众的自觉行动。

（四）精神奖励与物质奖励并重

奖励是劳动和技能竞赛必不可少的环节。劳动和技能竞赛

的奖励包括物质奖励和精神奖励。要坚持精神奖励与物质奖励并重的原则，按照价值规律的要求，建立符合市场经济要求的竞赛激励机制。在物质奖励上，对在竞赛中作出突出贡献的职工，要按照多劳多得的原则予以重奖；在精神奖励上，要对在竞赛中涌现的先进集体和先进人物通过多种形式予以表彰和宣传，以激发职工参加竞赛的主动性和积极性。

（五）坚持“两个统一”

实现好、维护好、发展好职工群众利益是工会一切工作的出发点和落脚点。要坚持把组织开展劳动和技能竞赛与维护职工合法权益、推动经济发展与维护社会稳定统一起来，不断落实“促进企业发展、维护职工权益”的企业工会工作原则，努力维护职工的劳动就业、收入分配、劳动安全卫生等权益，使职工群众在通过劳动和技能竞赛为经济发展贡献力量的同时，共享改革发展成果，实现职工与企业双赢。同时，要加强人文关怀和心理疏导，及时化解劳动关系矛盾，以劳动关系和谐促进社会和谐。

第三节　劳动和技能竞赛的历史沿革

从 1919 年苏联的“共产主义星期六义务劳动”算起，社会主义劳动竞赛至今已历时一百多年了。在我国，它也走过了近百年的光辉历程。在这整个历史进程中，它伴随着中国社会主义革命、建设和改革前进的脚步，顺时应势，长盛不衰，为我国经济社会发展作出了重大贡献。

1917 年俄国十月社会主义革命胜利后，为支援前线和新生的苏维埃政权，莫斯科—喀山铁路工人每天工作时间延长一小时，集中于星期六进行无报酬劳动，这就是著名的、被列宁誉为“伟大的创举”的“共产主义星期六义务劳动”，是有史以来最早的社会主义劳动竞赛。

一、新中国成立前的劳动和技能竞赛

我国的劳动和技能竞赛始于20世纪30年代中国共产党领导的中央苏区。1934年，在中央苏区公营工业企业内部，工人们自发地开展了“生产模范队”、“经济核算队”等活动。当时全国总工会的一项重要任务，就是把“生产模范队”、“经济核算队”等活动组织起来，支援革命战争。20世纪40年代，陕甘宁边区开展了“大生产运动”，后来这一运动在其他解放区又有了新的发展。例如，在晋绥解放区开展了学习模范工人张秋凤运动，在冀鲁豫革命根据地开展了学习模范工人甄荣典运动，在东北根据地开展了“新纪录运动”等。这一时期的劳动竞赛有力地支援了人民革命战争，也为新中国成立后广泛开展的劳动竞赛提供了有益经验。新中国成立后，职工群众成为国家的主人和新社会的建设者。为了尽快恢复国民经济，在党和政府的号召下，广大职工开展了爱国主义生产竞赛和增产节约运动，不断创造出新的生产纪录，极大地提高了劳动生产率，促进了国民经济的恢复和发展。

二、计划经济时期的劳动和技能竞赛

自1953年起，我国开始实施发展国民经济的第一个五年计划。进入有计划大规模的经济建设时期以后，各级工会在全国职工中组织开展了技术革新运动和“社会主义竞赛”、“先进生产者运动”，掀起了“比学赶帮超”的热潮。劳动竞赛的深入发展，不仅有力地推动了国家经济建设，还培养造就了一大批先进生产者和先进集体。王崇伦、孟泰、马恒昌小组就是这一时期的先进代表，也是新中国的第一批劳动模范。其中，马恒昌曾13次受到毛泽东同志的接见。20世纪60年代初期，面对国民经济出现的暂时困难，广大职工发扬主人翁精神，主动为国分忧，为企业解难，一大批能工巧匠和优秀技术工人积极推广先进技术和先进操作方法，开展厂际技术交流、技术协作和技术攻关。职工技术协作活动就是在这一时期兴起的。劳动模范张明山、王崇伦、唐立言、黄荣昌、刘祖威、朱顺全、傅景文七人站在了群众的前列，率先向全国总工会提交了建议书，建议通过提高技术水平来完成国民经济计划。职工技术协作活动在攻克生产技术难关、制造国家急需设备、生产“争气”产品和抢建半截子工程等方面发挥了重要作用，为克服国民经济的暂时困难作出了贡献。职工技术协作活动是劳动竞赛的新发展，它进一步丰富了工会经济技术工作的内容。其主要活动方式有两种：一是开展先进生产者运动。这项活动是毛泽东同志倡导的。中共中央于 1956 年和 1959 年召开了两次全国先进生产者代表会议，表彰了一大批全国先进生产者和全国先进集体。二是开展职工技术协作活动。这项活动起始于 1961 年 6 月。同年 12 月，沈阳市总工会正式成立了我国第一个职工技术协作委员会。后来这项活动在全国普遍推广开来。在“文化大革命”时期，劳动竞赛工作受到干扰。

三、改革开放初期到 20 世纪末的劳动和技能竞赛

党的十一届三中全会以后，随着党和国家的工作重点转移到经济建设上来，工会经济技术工作也翻开了新的一页。在“文化大革命”中遭到批判的劳动竞赛重新揭开战幕，迈开新步伐。自 20 世纪 70 年代末到 80 年代初期，全国各个系统和行业都广泛开展劳动竞赛。为了把“四人帮”在“文化大革命”中造成的损失夺回来，广大职工以空前的热情积极投身于社会主义现代化建设，广泛开展了“双增双节”、“挖潜增效”和为“四化”立功竞赛活动。据统计，截至 1983 年底，全国有 90%

以上的国营企业和城镇集体企业开展了竞赛活动。这一时期的劳动竞赛已从生产领域扩展到管理领域和服务领域，并且紧紧围绕提高经济效益、推动技术进步展开，竞赛活动的组织进一步科学化、系统化，特别是精神奖励和物质奖励相结合竞赛原则的提出，极大地调动了广大职工的参赛积极性，使劳动竞赛呈现出蓬勃发展的态势。这个阶段竞赛的显著特点是，充分发挥职工群众的积极性和创造性，与经济责任制相互促进，改善企业经济管理，提高企业管理水平，向管理要效益、要质量，为增强企业活力服务。

四、21 世纪初期劳动和技能竞赛的新发展

进入 21 世纪，随着社会主义市场经济迅猛发展，我国的社会经济成分、企业组织形式、职工就业方式以及利益关系和分配方式日益多样化，劳动竞赛遇到了许多新情况、新问题，人们对劳动竞赛也产生了一些不同的认识，一度有人认为劳动竞赛是计划经济时期的产物，现在搞市场经济不需要劳动竞赛了。在市场经济条件下还要不要开展劳动竞赛，工会还能不能组织劳动竞赛？面对这些新情况和新问题，各级工会勇于实践，大胆创新，积极探索适应市场经济发展的新路子，使劳动竞赛又有了新的发展。1999 年底，全国总工会十三届二次执委会议提出了《关于开展群众性经济技术创新工程的意见》，在全国职工中实施以推动技术进步为主题、以技术创新为重点、以开展争当“创新示范岗”和“创新能手”活动为载体的职工经济技术创新工程。创新工程的实施，对提高职工队伍整体素质、推动企业技术进步、促进国家经济发展起到了积极作用。“十一五”规划实施后，根据国内外形势的变化，围绕经济发展的重点和难点，全国总工会组织开展了系列主题竞赛。2006 年，组织职工开展了以创建“工人先锋号”为载体、以“当好主力

军、建功‘十一五’、和谐奔小康”为主题的劳动竞赛；2008年下半年，面对国际金融危机影响，组织开展了“同舟共济保增长、建功立业促发展”主题竞赛活动；2009年至2010年，围绕加快经济发展方式转变，组织开展了建功立业竞赛和“十大产业振兴”竞赛等活动，不断推动劳动竞赛向广度和深度发展。2011年，全国总工会作出《关于组织动员广大职工为实现“十二五”规划目标任务创先争优建功立业的决议》，制定了《中华全国总工会2011—2015年劳动竞赛规划》，广泛开展了“当好主力军、建功‘十二五’”主题劳动竞赛，以技术创新竞赛、重大工程竞赛、促进区域发展竞赛、节能减排竞赛、班组竞赛等为重点，不断丰富竞赛内容，深化竞赛主题，掀起创先争优建功立业劳动竞赛新热潮。

五、新时代的劳动和技能竞赛

党的十八大以来，我国的劳动和技能竞赛有了更新的发展。2016年，全国总工会作出《关于认真学习贯彻党的十八届五中全会精神 组织动员广大职工为实现“十三五”规划建功立业的决议》，制定了《中华全国总工会2016—2020年劳动和技能竞赛规划》，组织动员职工为实施“十三五”规划建功立业。2017年，党的十九大胜利召开。全国总工会十六届七次执委会作出决议，号召广大职工积极参与“当好主人翁、建功新时代”主题劳动和技能竞赛。全国总工会还下发了《关于围绕国家重大战略开展全国引领性劳动和技能竞赛的通知》，召开了全国引领性劳动和技能竞赛启动暨京津冀协同发展交通一体化建设劳动和技能竞赛推进大会，以贯彻落实《新时期产业工人队伍建设改革方案》为契机，不断增强竞赛活动的时代感和影响力。2021年，全国总工会制定《中华全国总工会劳动和技能竞赛规划（2021—2025年）》，下发《关于深入开展“十四五”

全国引领性劳动和技能竞赛的通知》，通过全国引领性劳动和技能竞赛，打造推动国家重大战略实施、助推经济社会发展的重要平台，提升职工技能素质、培育产业工人队伍的重要平台，弘扬劳模精神、劳动精神、工匠精神的重要平台，提高竞赛活动水平、发挥示范引领作用的重要平台，进一步壮大产业工人队伍，充分调动广大职工的积极性、创造性，奏响“建功‘十四五’、奋进新征程”的时代主旋律。党的二十大明确提出，新时代新征程中国共产党的中心任务就是团结带领全国各族人民全面建成社会主义现代化强国、实现第二个百年奋斗目标，以中国式现代化全面推进中华民族伟大复兴。工会将组织动员广大职工在新时代新征程上广泛深入持久开展劳动和技能竞赛，为完成新使命创造新业绩、作出新贡献。

近百年来，工会开展的劳动和技能竞赛在推动中国经济社会发展中发挥了重要作用。正如2009年习近平同志在庆祝“五一”国际劳动节暨保增长促发展劳动竞赛推进大会上所指出的：“长盛不衰的社会主义劳动竞赛活动，主题始终紧扣时代脉搏、围绕党和国家中心工作展开，领域不断拓宽，内涵不断丰富，方式不断创新。可以说，群众性劳动竞赛活动锻造了劳动模范，而劳动模范的成批涌现推动了劳动竞赛活动不断向深度和广度进军。”

第四节　劳动和技能竞赛的组织形式

党的十八大以来，全国总工会深入学习贯彻习近平新时代中国特色社会主义思想，特别是学习习近平总书记关于工人阶级和工会工作的重要论述，围绕中心，服务大局，深入开展了重大工程竞赛、促进区域发展全国示范性竞赛、全国引领性劳动和技能竞赛、职工节能减排竞赛和非公企业竞赛等活动，发挥了良好的引领示范作用，助推了经济健康发展，促进了社会和谐稳定。各地工会从本地区、本产业、本单位和本部门的实际出发，在深化已有竞赛活动的同时，创造出许多既服务大局又为职工群众喜闻乐见的竞赛形式，使竞赛活动富有时代特色、展现良好效果，进一步增强了竞赛活动的吸引力。

一、重大工程竞赛

重大工程建设是推动我国经济快速发展的强大动力，也是开展劳动和技能竞赛的重要领域。从 1997 年开始，全国总工会先后在三峡工程、青藏铁路工程、西气东输工程、杭州湾大桥工程、北京奥运工程等重大工程建设中组织开展重大工程竞赛。竞赛活动作为纽带，把施工、设计、监理等参建各方紧密地凝聚在一起，有力地调动了参建单位和职工的积极性，推动了工程建设优质高效顺利地进行，促进了“工程出精品、队伍出精英、竞赛出精神”。重大工程竞赛作为市场经济条件下劳动和技能竞赛形式的创新发展，已成为重点工程建设中不可缺少的重要内容，得到了各级领导和参建单位的高度赞誉和重视。据不完全统计，仅 2009 年全国累计施工和新开工的重点建设项目就达 50 多万个，70%以上的项目都开展了重大工程竞赛。

2010 年，全国总工会在上海世博会工程、金沙江水电工程、京沪高速铁路、曹妃甸开发区、“西部大庆”、西气东输二期工程、汶川和玉树地震灾区恢复重建等项目建设中组织开展了重大工程竞赛。在全国总工会制定的《中华全国总工会 2011—2015 年劳动竞赛规划》中，明确提出了在重大工程建设中普遍开展劳动竞赛的目标任务，各省市要在已施工和新开工的重大工程建设项目中把竞赛活动普遍开展起来。围绕实现这一目标，指出要在重大工程建设中开展以“五比一创”（比工程质量、比建设工期、比技术创新、比科学管理、比文明施工，创和谐团队）为主要内容的竞赛，促进工程建设项目顺利完成。

“十二五”期间，全国总工会相继在金沙江流域水电建设、港珠澳大桥、新疆交通项目、保障性安居工程等重大工程建设中大力开展重大工程竞赛活动，并列为全国示范性竞赛活动。实践证明，重大工程竞赛作为凝聚各方力量、激励建设者主人翁精神和团结协作精神的桥梁和纽带，不仅推动了工程建设优质高效完成，也打造了一支过硬的职工队伍，涌现了许多先进典型。全国总工会对重大工程建设劳动竞赛先进集体和先进个人授予了全国五一劳动奖和全国工人先锋号。截至 2021 年底，各地工会已在近两万个省、市级以上重大工程建设项目中开展了重大工程竞赛活动。

二、促进区域发展全国示范性竞赛

“十二五”期间，按照《中华全国总工会 2011—2015 年劳动竞赛规划》的有关要求，全国总工会决定在原有重大工程示范性劳动竞赛的基础上，先后将上海浦东新区、天津滨海新区、重庆两江新区、浙江舟山群岛新区、福建平潭综合实验区、广州南沙（深圳前海、珠海横琴）新区、兰州新区和山西省国家资源型经济转型综合配套改革试验区八个国家级新区（实验区）建设的劳动和技能竞赛作为促进区域发展全国示范性竞赛，推动劳动和技能竞赛的深入开展。各赛区以被列入促进区域发展全国示范性竞赛为契机，围绕本地“十二五”经济社会发展规划，通过召开启动仪式、推进会、现场会等方式，对竞赛活动进行全面动员和部署，在推动重点项目建设、实体经济发展，提高现代服务业水平等方面发挥了重要作用，为促进区域经济发展作出了积极贡献。

自促进区域发展全国示范性竞赛开展以来，一方面，各大赛区紧紧围绕国家经济社会发展中心和区域发展重点谋划竞赛活动，将来自不同地区、不同行业、不同所有制类型的参建单位和职工组织起来，根据形势发展变化、立足区域发展实际推进竞赛；另一方面，为劳动和技能竞赛的开展积累了经验、作出了表率，发挥了很好的示范作用。据统计，八大赛区不同类型企业的300多万名职工踊跃参与到竞赛活动中来，提出合理化建议达60多万件。

自2012年起，全国总工会先后在上海浦东新区、天津滨海新区、重庆两江新区和浙江舟山群岛新区召开了促进区域发展全国示范性劳动竞赛交流会，总结经验，交流情况，研究问题，推动工作。为进一步调动企业和职工参赛的积极性，增强全国示范性竞赛活动的吸引力和感召力，推动劳动和技能竞赛不断向广度和深度发展，全国总工会对在促进区域发展全国示范性竞赛中涌现出的先进集体和先进个人授予了全国五一劳动奖和全国工人先锋号。

三、全国引领性劳动和技能竞赛

为贯彻习近平总书记关于工人阶级和工会工作的重要论述，落实全国总工会党组、书记处关于广泛深入持久开展劳动和技能竞赛的要求，“十三五”期间，全国总工会制定《中华全国总工会2016—2020年劳动和技能竞赛规划》，印发《中华全国总工会关于围绕国家重大战略开展全国引领性劳动和技能竞赛的通知》，围绕推动京津冀协同发展、长江经济带发展、“一带一路”建设、粤港澳大湾区建设、长三角一体化发展、振兴东北等国家重大战略实施，广泛深入开展“当好主人翁、建功新时代”为主题的劳动和技能竞赛。加强组织领导，聚焦竞赛主战场，创新形式载体，完善体制机制，取得了明显成效，在推动国家重大战略的实施中发挥了重要作用。“十四五”期间，全国总工会制定《中国工运事业和工会工作“十四五”发展规划》、《中华全国总工会劳动和技能竞赛规划（2021—2025年）》，印发《关于深入开展“十四五”全国引领性劳动和技能竞赛的通知》，提出在“十四五”期间围绕国家重大战略、重大工程、重大项目、重点产业，深入开展“十四五”全国引领性劳动和技能竞赛。通过引领性竞赛，带动多层级、多行业、多工种竞赛蓬勃开展。

为了进一步规范引领性劳动和技能竞赛活动的开展，切实发挥竞赛的示范引领作用，“十四五”期间，全国总工会建立了全国引领性劳动和技能竞赛项目库，将国和一号示范工程劳动竞赛、助推浙江高质量发展建设共同富裕示范区劳动和技能竞赛、“聚力‘六比一创’创造雄安质量”劳动和技能竞赛等一批竞赛项目纳入全国引领性劳动和技能竞赛项目库。同时，对入库项目进行跟踪管理、调研督导，对部分重点竞赛项目进行重点指导和项目评估，保证引领性竞赛高质量开展，进一步激发和调动广大工人阶级的劳动热情和创造活力，全面提升广大职工素质，充分发挥竞赛在推动我国高质量发展中的作用。

四、职工节能减排竞赛

为了贯彻落实党中央、国务院提出的节约资源和保护环境的基本国策，在全国总工会的号召下，各级工会组织动员职工广泛开展节能减排活动，促进了节能减排目标任务的完成。2007年，国家发展改革委、全国总工会等17部门联合下发开展节能减排全民行动的文件，各级工会组织落实《节能减排全民行动实施方案》，引导广大职工积极投身节能减排活动。2008年，各地组织开展的“全国职工节能减排活动月”活动征集职工节能减排合理化建议22万条，全国总工会评选了1000项职工节能减排优秀合理化建议，举办职工节能减排技术创新成果发布和节能环保知识竞赛。同年，为了更好地动员广大职工为节能减排献计出力，全国总工会在职工中开展“我为节能减排做贡献”活动，并与国家发展改革委联合下发通知，聘请部分职工担任职工节能减排义务监督员。目前，全国职工节能减排义务监督员队伍总数已达 87.6 万人，为推进企业节能减排发挥着积极作用。2010 年，全国总工会与工信部共同开展“我为节能减排献一策”活动，这一活动得到了广大职工的积极响应，也充分调动了职工参与节能减排的积极性，为营造良好的社会氛围、打好节能减排攻坚战作出了贡献。

“十二五”期间，全国总工会继续把“我为节能减排做贡献”活动作为劳动和技能竞赛的重要内容，组织动员职工围绕企业发展、立足本职，为节能减排做贡献。2012 年，全国总工会提出在电力、煤炭、钢铁、有色金属、建材、石油石化、化工、印染、造纸、建筑、交通运输等高耗能、高排放行业中，针对行业特点，结合企业实际，围绕发展低碳经济和循环经济，深入开展重点行业节能减排达标竞赛活动，不断提高职工技术水平和节能减排能力。竞赛活动以规模以上的重点用能单位和重点排污企业作为重要单位，实行现场督导检查，聘请专家学者参与指导。同时，各级工会以企业、车间、班组为阵地，广泛开展职工小发明、小创造、小革新、小设计、小建议等节能减排“五小”活动，引导广大职工立足岗位节能减排。

为调动企业和广大职工节能减排的积极性，各级工会普遍开展节能减排评选表彰活动。特别是 2007 年和 2010 年，全国总工会联合科技部、人社部连续开展了两届全国职工优秀技术创新成果评选，其中有 145 项节能减排成果受到表彰。此外，全国总工会在国际上积极宣传中国节能减排工作，在上海世博会由国际劳工组织举办的“绿色工作让生活更美好”论坛上，介绍了我国职工节能减排工作；在北京与国际劳工组织绿色就业项目官员会晤中，宣传了中国工会节能减排的主张、全面介绍了中国职工节能减排工作。

五、非公企业竞赛

非公经济是我国国民经济和社会发展的重要组成部分。进入 21 世纪以来，随着非公经济的发展壮大，各级工会从服务国家经济发展大局出发，在非公企业中大力推进劳动和技能竞赛工作。2003 年，全国总工会召开了全国非公企业工会经济技术工作会议，首次提出把开展非公企业竞赛活动作为一项重要任务。近年来，全国总工会加强了对非公企业竞赛活动的指导，制定下发了《关于进一步开展非公企业劳动竞赛的意见》，并根据非公企业迅猛发展的新形势，相继召开了全国非公企业班组建设工作会议、全国非公企业劳动竞赛推进会，开展了“携手保增长、和谐促发展”主题竞赛活动。在各级工会的积极推动下，非公企业竞赛以提高职工素质为重点，结合非公企业实际，广泛开展岗位练兵、技能比赛、职工技术创新等活动。针对科技型、劳动密集型、服务型等不同类型企业和非公企业职工队伍特点，创新活动方式、丰富活动载体，增强竞赛吸引力和感召力。经过不断努力，非公企业竞赛已经成为工会凝聚职工力量、实现企业和职工共赢、构建和谐劳动关系的有效途径，在推动非公经济以及整个国民经济持续健康发展中发挥了积极作用。

虽然近年来非公企业竞赛取得了一定成绩，但也存在一些不足，如对竞赛的认识有待提高、竞赛组织机构和工作机制不够健全、竞赛活动的针对性不强、手段和方法还比较单一等。推进非公企业竞赛深入开展，是工会坚定不移地走中国特色社会主义工会发展道路，服务经济发展大局、服务职工群众的具体体现，也是新时代做好非公企业职工群众工作、增强党的群众基础的重要切入点。非公企业情况千差万别，企业组织结构、规模、所属行业不同，管理水平、技术水平、发展阶段不同，职工队伍状况不同，工会工作的基础也不同。非公企业竞赛既要突出提高技术创新能力、增强核心竞争力，又要坚持从实际出发，充分尊重企业主体地位，尊重职工意愿，从产量提高、技术创新、安全生产、节能减排、技能提升、优质服务等方面，寻找企业与职工共同的利益结合点、关注点，增强竞赛的针对性、实效性，在促进非公企业发展中发挥作用。非公企业普遍存在职工技术技能水平偏低、整体素质不能适应企业快速发展需要的问题。提升职工队伍素质特别是技能水平，建设技工大国是非公企业竞赛的重要内容，要积极组织行业、工业园区和企业的技能比赛和交流活动，为职工成长成才搭建平台。

各级工会组织开展非公企业竞赛，应贯彻落实好全国总工会提出的五年劳动和技能竞赛规划，在继承发扬以往竞赛中一些传统的好做法、好经验的基础上，充分考虑非公企业特点，遵循“促进企业发展、维护职工权益”的原则，遵循在市场经济条件下开展竞赛的内在规律，积极探索新路子、新途径、新方法。通过开展竞赛，实现企业有发展、职工得实惠的双赢效果。必须明确不能以开展竞赛为由违反《劳动法》关于劳动时间、劳动报酬、安全生产等方面的相关规定，不能以损害职工合法权益为代价换取企业发展。在促进企业发展的同时，也要让职工共享企业发展成果。同时，竞赛要与其他工会工作紧密结合起来，通过开展竞赛更好地推动工会组建、工资集体协商以及促进劳动关系和谐企业和模范职工之家的创建等工作。

第五节　班组建设与班组竞赛

班组建设既是企业一项重要的基础性工作，也是工会工作的重要组成部分。做好班组建设工作，对于增强企业工会活力、提高企业的整体经营管理水平、进一步调动职工群众的积极性和创造性、推动产业工人队伍建设改革等方面具有十分重要的意义。开展班组竞赛是推动劳动和技能竞赛深入发展的重要措施，也是工会促进班组建设的有力抓手。

一、总体要求、目标任务和遵循原则

（一）总体要求

班组建设要以习近平新时代中国特色社会主义思想为指导，以提高班组管理水平为核心，以提升班组成员整体素质为重点，以开展班组创先争优劳动和技能竞赛及创建“工人先锋号”活动为载体，不断提高班组工作水平，促进企业健康稳定发展。

（二）目标任务

班组建设要以打造高效、创新、和谐班组为目标，进一步推动班组工作制度化、规范化、科学化和民主化，不断提高班组的执行力、创新力和凝聚力，努力把班组建设成能够出色完成生产（工作）任务、具有较强创新能力、管理科学、纪律严明、团结和谐的坚强集体。

（三）遵循原则

一是适应企业发展需要原则。紧紧围绕企业发展目标，从企业改革、发展和生产、经营、管理的实际出发，全面加强班组建设，努力夯实基础工作，进一步提高企业竞争能力。二是促进职工全面发展原则。班组工作要坚持以人为本，尊重职工、依靠职工，充分发挥职工的主观能动性；保障职工权益，实现体面劳动；加强文化建设，体现人文关怀；注重提升素质，促进职工全面发展。三是继承与创新相结合原则。要在总结班组建设工作经验、坚持成功做法的基础上，认真研究新情况，努力解决新问题，积极探索新路子，不断创造新方法，使班组始终富有生机和活力。四是行政管理与民主管理相结合原则。在班组内部，既要维护班组长的行政指挥权威，又要尊重职工的民主权利，鼓励和支持职工参与管理，充分发挥班组工会小组长和“工管员”的作用，实现班组管理全员化。

班组建设工作是一项综合性工作，需要各有关部门共同参与。要从促进经济社会又好又快发展的高度，充分认识加强班组建设的重要意义，切实加强对这项工作的组织领导，明确职责，找准位置，发挥优势，密切配合，努力形成合力推进班组建设的工作格局。

二、工会加强班组建设的任务

多年来，各级工会始终把加强班组建设作为工会的一项重要任务。1985 年，全国总工会下发了《关于加强企业班组建设的通知》。1986 年，全国总工会会同国家经委召开了全国班组工作会议，这是新中国成立以来第一次专题研究和部署加强班组建设的会议，特别强调“工会在班组建设中负有重要职责”，并下发了《关于加强工业企业班组建设的意见》。1992 年，全国总工会会同国务院经贸办召开了第二次全国班组工作会议，下发了《关于适应企业经营机制转换，进一步加强工业企业班组建设的意见》。2010 年，全国总工会与工信部、国务院国资委、全国工商联共同召开了全国班组建设工作会议，交流了班组建设工作经验，表彰了一批先进班组，作出了《关于开展向“王海班”学习活动的决定》，联合下发了《关于加强班组建设的指导意见》。2012 年 11 月，全国总工会与工信部、国务院国资委、全国工商联共同召开全国企业班组建设工作会议，提出要以党的十八大精神为指导，进一步推进新时代企业班组建设工作。

工会要积极协助企业搞好班组建设，配合有关方面共同推进班组建设，做到工作既到位又不越位。

1. 通过开展班组竞赛，提高班组的生产效率。调动、激发每一名组员做好本职工作的积极性、主动性、创造性，加强经济核算，加快生产节奏，用高效率的劳动完成好班组承担的生产（工作）任务，为企业经营目标的实现多做贡献。

2. 通过组织开展岗位练兵、技术比武、名师带高徒和技术创新等活动，提高班组的创新能力。积极为技能人才的成长创造条件，引导职工立足岗位学习新知识、钻研新技术、创造新工艺、掌握新的操作法等，使班组成为企业自主创新的细胞和阵地。

3. 通过推行班组民主管理制度，提高班组的管理水平。调动起每一名班组成员参加班组管理的积极性，组织职工为班组建设出谋划策，保证班组成员更直接地参与管理，使班组的行政管理与民主管理紧密结合起来，使班组管理步入良性循环的发展轨道。

4. 通过开展安全竞赛活动，增强班组的安全意识。引导职工学习安全生产和劳动保护相关知识及法律法规，加强班组劳动保护检查员队伍建设，提高班组成员的自我防护意识和能力，做到生产保安全、安全促生产。加强班组的思想道德建设。组织职工开展政治理论学习，加强形势任务教育、职业道德教育、民主法纪教育，促进职工转变观念，不断提高班组成员的思想道德水平。加强对班组成员的心理疏导，体现人文关怀，帮助职工解决实际问题。

5. 以弘扬企业精神为主题，以“爱班组、爱岗位、爱产品”为内容，加强班组的文化建设。把具有时代特点和企业特色的企业文化建设活动融入班组建设和管理之中，培养班组成员共同的价值观、道德观和发展观。要培养班组的团队精神，积极推进班组成员间的团结互助，在班组内营造遵章守纪、和谐融洽、团结向上的人文环境，形成互相关心、互相爱护、互相帮助的良好风气，创建和谐班组，把班组建设成为职工学习工作的家园和休息活动的乐园，提高班组的凝聚力和战斗力。

三、工会加强班组建设工作的主要途径和方法

工会加强班组建设，主要是利用擅长做群众工作的优势，通过加强班组管理、开展班组升级竞赛活动、建设“职工小家”活动、健全民主管理制度和做好班组长培训、树立先进典型等来实现。

（一）加强班组建设的组织领导

工会加强班组建设的组织领导工作主要体现在：

1. 协同行政制定班组建设规划，落实班组建设任务，分管班组建设有关日常工作。

2. 会同行政搞好班组骨干培训，开展班组升级竞赛，组织检查考核，培养树立先进典型，总结推广先进经验，搞好评比表彰奖励。

3. 加强班组民主管理，健全民主管理制度，开展民主管理活动，反映职工合理要求，维护职工合法权益。

4. 组织做好班组的群众工作，通过开展生产竞赛、技术革新和合理化建议等活动，促进生产任务的完成，并做好安全生产的检查与监督。

5. 做好工会小组工作，关心职工的物质文化生活，开展送温暖活动，做好思想政治工作，推动企业文化建设。

6. 组织开展班组长对话、班组长讲坛、班组成果发布、班组理论研究等群众性活动。

（二）加强班组管理

班组管理是企业管理的基础，加强班组管理是班组建设的

重要内容。班组管理是在整个生产经营活动中，由班组自身所进行的计划、组织、指挥、协调、控制和激励等管理活动。它的职能是通过对班组中人、财、物的合理组织和有效利用，达到投入少、产出又多又好的目标，完成企业和车间所规定的生产任务。因此，工会要紧紧围绕提高产品质量、降低物质消耗和增加经济效益，参与班组的各项管理工作。要着重搞好班组质量管理和班组经济核算，强化经济责任制；严格执行各项标准，加强定额和计量管理；严格执行工艺纪律和技术操作规程；自觉遵守劳动纪律，严格执行规章制度；认真做好原始记录、凭证、台账、报表和信息反馈等工作。要从实际出发，积极推行现代化管理方法和手段，把“学、改、用、创”结合起来，不断提高班组管理水平，切实做到质量不断提高、消耗不断降低、效益不断增加。

（三）开展班组升级竞赛活动

开展班组升级竞赛是工会促进班组建设的有力抓手。切实抓好班组升级竞赛，有利于推动班组的组织建设、思想建设和业务建设，夯实企业班组基础工作；有利于班组之间形成“你追我赶、相互学习、相互帮助、共同提高”的竞赛热潮；有利于培养争先创优、团结拼搏的班组精神。工会要以创建“工人先锋号”活动为载体，广泛开展以安全生产、提高效率、提高质量、创新技术和节能减排为重点的班组创先争优竞赛活动，不断提高班组的生产技术水平和管理水平。

在班组升级竞赛中，要注意以下几点：一是围绕企业“两个文明”建设的目标来制定班组升级竞赛活动规划；二是把班组升级竞赛活动和创建劳动关系和谐企业、班组建设“职工小家”以及“创建学习型组织，争当知识型职工”活动结合起来；三是根据实际制定班组竞赛条件、考核和奖励办法，树立本单位的先进典型，及时总结、宣传和推广他们的先进事迹和经验。

（四）积极协助行政做好班组长的选拔和培训

班组长是整个班组的核心和主心骨，他们既是班组职工的领头人，又是本企业生产经营战略、策略的执行者和实施者，是企业的“兵头将尾”。班组工作能不能搞好，在一定程度上取决于能不能正确选配和合理使用班组长，这也是企业加强班组建设的一项重要工作。要选配具有一定文化程度、责任心强、作风正派、技术熟练、经验丰富、善于管理、能团结人的优秀职工担任班组长，并力求做到职前培训。班组长的选配可以采用任命、聘任和选举等方式，不论采用何种方式都要走群众路线。对班组长的管理和使用要做到责、权、利相结合，既要“责”字当头，又要赋予其必要的权限。

不断提高班组长的政治素质和业务素质，是搞好班组建设的关键。要切实抓好班组长的培训工作，把提高班组长素质作为班组建设的一项重要基础工作来抓。企业应把班组长培训列入企业人员培训计划；班组长培训要有专人负责，注重理论与实践相结合，可采取短期脱产培训、函授辅导等多种方式；培训内容要突出重点，符合班组实际需要，做到学以致用；要把培训同考核、聘用、评比、奖励、晋级有机结合起来，激励班组长主动参加培训，提高自身素质。

（五）健全班组民主管理制度

班组实行班组长责任制同民主管理相结合的制度，要把班组的行政管理同民主管理、专业管理、群众管理紧密结合起来。班组民主管理的基本组织形式是班组民主会，其目的是发挥群体作用，保证完成各项任务。班组民主会可按月由工会小组长和职工代表组织召开。会议内容包括贯彻落实职工代表大会决议，讨论审议班组作业计划和生产技术、管理、安全等措施，讨论通过本班组贯彻企业规章制度的实施细则、经济责任制方案、分配以及关系职工切身利益的问题，通过对本班组职工奖惩建议，评议企业各级领导干部等。

（六）开展建设“职工小家”活动

班组建设“职工小家”是企业建设“职工之家”、增强企业活力的重要组成部分。建设“职工小家”的目的是培养广大职工的集体观念和集体荣誉感，密切班组与职工、职工与职工之间的关系，增强职工的主人翁意识，使班组内部充满团结、愉快、温暖的气氛，成为职工的“第二家庭”。建设“职工小家”活动要以生产建设、民主管理、班组创新、职工生活为主要内容，充分发挥工会小组长的带头作用，制定各项制度。通过建设“职工小家”，实现民主管理，开展思想生活互助，建立良好的人际关系，使班组成为团结、和谐、充满友爱之情的集体。建设“职工小家”是基层工会建设“职工之家”的进一步深化，它既涉及班组内部各项工作，又涉及班组外部各方面关系，要结合企业、班组和工会工作的实际，创造性地开展活动。

（七）组织群众性质量提升活动

班组职工技术创新活动是推动企业创新和质量提升的重要基础。长期以来，全国总工会与中国质协等部门共同开展质量管理小组、质量信得过班组、杰出质量人评选、质量知识竞赛等活动，推动了群众性质量提升活动的广泛深入开展，为建设质量强国作出了积极贡献。要广泛开展质量改进、质量攻关等多种形式的群众性质量提升活动，针对企业产品质量提升、服务质量改善和新工艺、新设备、新材料、新产品的开发，组织动员广大职工以提高发展质量和效益为中心，开展合理化建议、技术革新、技术交流、发明创造等多种形式的质量提升活动，推动质量月、质量品牌提升行动的深入开展。在班组内和班组间广泛开展岗位练兵、技术比赛、技能培训、师徒帮教、QC 小组和质量信得过班组创建等活动，帮助班组职工通过学习新知识、掌握新技能、增长新本领来提高产品和服务质量。充分发挥质量管理小组、劳模创新工作室人才集聚、集智创新和示范带动作用，引导职工积极投身质量创新实践，改进质量、降低消耗，全面提高职工的质量素质和企业的经济效益。

（八）选树典型，推动班组建设

不断发现、培养、选树和宣传一批不同类型的先进典型，以典型的示范带动作用推动工作，是加强班组建设的重要方法。新中国成立以来，工会选树表彰了数以万计的先进、模范班组和班组长，如马恒昌小组、郝建秀小组、1205 钻井队等一大批标兵班组，有力地推动了我国各个历史时期的企业班组建设。改革开放以来，在社会主义劳动竞赛中，也涌现了一大批以“王海班”为代表的先进班组。新时代以来，组织开展了新中国 70 年最具影响力班组评选活动，评选出“毛泽东号”机车组等 10 个新中国经典班组、“邓建军科研组”等 10 个新时代最具影响力班组、“王海班”等 50 个新时代特色品牌班组。要根据新形势、新任务的要求，树立具有时代特点的先进典型，通过典型引路，推动企业班组建设工作水平的不断提高。

思考题：

1. 劳动和技能竞赛的概念、功能和特点是什么？
2. 开展劳动和技能竞赛应当遵循的法律依据是什么？
3. 如何做好新时代的劳动和技能竞赛工作？
4. 工会加强班组建设的主要途径和方法是什么？

第四章　职工技能素质提升与技术创新工作

第一节　职工技能素质提升

当今世界，综合国力的竞争归根到底是人才的竞争、劳动者素质的竞争。2019 年 9 月，习近平总书记对我国技能选手在第 45 届世界技能大赛上取得佳绩作出重要指示，强调："劳动者素质对一个国家、一个民族发展至关重要。"深入实施科教兴国战略、人才强国战略、创新驱动发展战略，推动高质量发展，都需要有效提升劳动者技能。

2017 年 4 月 14 日，中共中央、国务院印发《新时期产业工人队伍建设改革方案》，要求把产业工人队伍建设作为实施科教兴国战略、人才强国战略、创新驱动发展战略的重要支撑和基础保障，纳入国家和地方经济社会发展规划，通过改革，使产业工人队伍不断壮大、综合素质明显提高，保障产业工人地位的制度更加健全，产业工人合法权益进一步实现，劳动光荣、技能宝贵、创造伟大的时代风尚更加浓厚，造就一支有理想守信念、懂技术会创新、敢担当讲奉献的宏大的产业工人队伍。

2022 年 4 月 27 日，习近平总书记在致首届大国工匠创新交流大会的贺信中强调："我国工人阶级和广大劳动群众要大力弘扬劳模精神、劳动精神、工匠精神，适应当今世界科技革命和产业变革的需要，勤学苦练、深入钻研，勇于创新、敢为人先，不断提高技术技能水平，为推动高质量发展、实施制造强国战略、全面建设社会主义现代化国家贡献智慧和力量。”

2022 年 10 月，党的二十大胜利召开，习近平总书记在二十大报告中指出：“教育、科技、人才是全面建设社会主义现代化国家的基础性、战略性支撑。必须坚持科技是第一生产力、人才是第一资源、创新是第一动力，深入实施科教兴国战略、人才强国战略、创新驱动发展战略，开辟发展新领域新赛道，不断塑造发展新动能新优势。”

工会开展职工技能培训要紧紧围绕提升职工技术技能素质、激发职工创新创造活力，着力在加强培训、搭建平台、强化激励上下功夫，不断深化产业工人队伍建设改革，大力推进知识型、技能型、创新型技术工人队伍建设。

一、职工技能培训

开展职工技能培训是工会提高职工技术技能素质的重要手段，是工会贯彻落实人才强国战略、推动高质量发展、实施制造强国战略的具体措施，在培养高技能人才和提高职工职业技能水平方面具有重要作用。职工技能培训是按照国家职业分类和职业技能标准进行的规范性培训，目的是通过职业技能培训，使被培训者基本掌握某个领域或行业内的可完成特定工作的技能和工作方法，并通过相关技能考试和考核。成绩合格者，获得相关部门颁发的证书。国家规定，一些职位必须经过职业培训，获得技能等级证书后方可上岗。

（一）工会开展职工技能培训的重要意义

加强技能人才队伍建设，对于巩固和发展工人阶级先进性、增加国家核心竞争力和科技创新能力、实施制造强国战略、推动高质量发展具有重要意义。当前，我国正处于迈上全面建设社会主义现代化国家新征程、向第二个百年奋斗目标奋进的关键时期。完整、准确、全面贯彻新发展理念，构建新发展格局，迫切需要数以千万计的高技能人才和数以亿计的高素质劳动者。据人社部公布的数据，截至 2021 年底，全国技能劳动者总量超过 2 亿人，占就业人员的 26%；高技能人才超过 6000 万人，占技能劳动者的 30%，其中高级工 4700 万人、技师 1000 万人、高级技师 300 万人。

开展职工技能培训是工会履行建设职能，建设知识型、技能型、创新型劳动者大军，推动科教兴国战略、人才强国战略、创新驱动发展战略，实施制造强国战略，促进实体经济发展，提高职工职业竞争能力，维护职工发展权的需要。

（二）技能培训的作用

劳动者在课堂上所学知识并不足以满足工作所需，大量知识和技能是靠走上工作岗位后的技能培训完成的。另外，社会经济和科学技术的飞速发展，也会使其原来已经获得的知识落伍。克服知识的老化，就要通过各种形式进行继续教育，不断更新和提高人力资源的质量水平，这对于推动经济的持续增长具有重要意义。技能培训发挥的作用具体表现为以下几个方面。

1. 提高劳动生产率。

通过对员工的在职培训，提高其技能水平，可以推动劳动生产率的提高。亚当·斯密 1776 年在《国富论》一书中指出，一个工人技能的提高，如同一部机器或一种工具的改进一样，可以节约劳动、提高效率。联合国教科文组织的资料表明，与文盲相比，小学毕业生可提高劳动生产率 43%，初中毕业生可提高 108%，大学毕业生则可达 300%。由此可见，人力资本投资对经济增长的贡献远比物质资本的增加大得多，职工的教育培训是提高劳动生产率的最有效途径，也是企业人力资本增值的重要途径。

2. 提高产品技术含量和竞争力。

培训使员工的知识不断增加、技能不断增强，其创新能力也会随之提高。因而，经过培训的员工通过参与技术创新或产品创新等方式可以直接提高产品的技术含量，提高产品的质量和竞争力。同时，利用其掌握的先进技能，可以对既定的物质资料进行深度开发和利用，提高资源利用率，从而降低产品成本，提高经济效益。

3. 提高科技成果的转化率。

企业员工具有一定的科学知识和技能水平，可以提高其技术熟练程度和技术应用能力，从而使科技成果转化率得到提高，更加充分地发挥科学技术的“第一生产力”作用，促进经济快速增长。

4. 提高职工的生存和发展能力。

职工通过参加技能培训，有的取得技术资格证书，有的成长为一专多能的技能复合型职工，有的掌握了新兴的技术技能，提高了就业竞争力。这就为他们未来的发展奠定了坚实的基础。

日本的一份研究报告指出，工人教育水平每提高一个等级，技术革新者的比例就平均增长 6%。一般工人提出的革新建议约能降低成本 5%；经过一定训练的技术人员的建议，能降低成本 10%—15%；而受过良好教育的管理人员创造和推广的现代科学管理技术，则可以降低成本 30%以上。实践证明，通过技能培训提高职工素质，确实能够在很大程度上加速经济增长。

（三）工会开展技能培训的内容和要求

目前，工会开展的技能培训主要有两种类型：一种是在企业内部面向企业职工开展的技能培训；另一种是面向社会开展的技能培训，包括职业技能培训、再就业培训、创业培训和农村劳动力转移培训。

1. 企业内部开展的技能培训。

（1）培训内容与方式。企业技能培训包括基础性培训、技术等级培训和适应性培训。基础性培训内容包括应知培训和应会培训两个方面。应知培训的内容由“三基”知识、专业知识、外延知识三个方面组成。“三基”知识指基本原理、基本知识、基本计算。基本原理是指实现各工序过程的原理，相关信息、仪器、工具检测装置的工作原理（包括基本理论）。基本知识是指与专业相关的基本知识，包括物性知识、工艺知识、操作知识、安全知识等。基本计算是指本专业工艺过程（或工作过程）中所需的相关技术和工艺参数的运算、成本分析与计算。专业知识培训是一种综合运用“三基”知识的培训，在培训过程中，可根据技术标准中应会的代表性工作实例，进行专业性技术训练，以提高应对多变条件下的适应能力。外延知识培训，是在完成专业技能培训的基础上，帮助学员掌握与本专业相关学科知识的培训。技术等级培训，是根据国家技术型职业（工种）的职业技能标准而进行的培训。适应性培训，主要是根据企业技术进步和设备更新的需要，随时进行短期培训，使职工掌握技术进步和新设备所需要的相应技术和技能。

在培训的方式上，除了技术等级培训要按照国家有关规定进行外，企业培训的方式比较灵活，可以采取轮训或专题培训等多种形式，每年设一个或多个培训专题，有计划、有步骤、有重点地对职工进行以关键生产工艺和重点专业知识为内容的强化培训。例如，以“应知应会”为内容的滚动出题答卷培训，以全员工艺流程比赛、征集事故预想方案、现场单兵教练为内容的系列培训以及模拟特定场景的突发事故、特殊情况演练等专题的强化培训，使职工的理论水平和实际操作技能得到全面提高。

（2）技能培训相关要求。一要大力宣传党和国家高度重视职工队伍建设、加强高技能人才培养的方针政策，努力在全社会营造“尊重劳动、尊重知识、尊重人才、尊重创造”的良好氛围。

二要根据企业生产经营的实际需要和科研生产的关键、难点，采取多种形式，最大限度地吸引职工参加，突出培训重点，紧紧跟踪和反映企业技术进步的要求，不断改善培训手段和教学方法。实践证明，培训与企业实际需要结合得越紧密，就越受到企业行政和职工群众的欢迎。

三要突出技能培训的实用性和实效性。要根据职工发展的需要，力求使职工掌握多种技能，不断提高广大职工适应职业变化的能力，促进职工向知识技能型、技术技能型、复合技能型发展。

四要注重有效利用各种培训资源。充分利用工会干校、工人文化宫、职工大学、职工学校、职业技术学校、技能实训基地等各种教育培训资源，并与社会力量联合培训，扩大培训规模，提高培训质量。

2. 面向社会开展的技能培训。

面向社会开展的技能培训，其培训内容和培训形式应符合国家有关政策规定，包括职业技能培训、再就业培训、创业培训和农村劳动力转移培训。职业技能培训是指以提高职工职业技能为目的的职业资格培训、技术等级培训、劳动就业职业技能培训。再就业培训是面向下岗失业人员开展的培训，通过开展再就业培训，提高下岗失业人员再就业能力，促进其实现就业。创业培训是面向城乡劳动者开展的培训，通过对有创业愿望并具备一定创业条件的人员实施创业培训，使其掌握创业知识和技巧，增强抵御市场风险的能力，提高成功开业率和稳定经营率，实现创业带动更多就业的效果。农村劳动力转移培训，是面向进城务工的农村劳动者开展的技能培训，目的是使其提高职业技能后实现转移就业。

3. 工会开展职工技能培训的发展。

《中华全国总工会办公厅关于印发〈全国职工素质建设工

程五年规划（2021—2025年）〉的通知》中，在职工技术技能素质建设、广泛开展岗位练兵和技能竞赛方面提出，要落实终身职业技能培训制度。推动各级工会整合培训资源，把学历教育、技能提升、就业培训统一起来，为产业工人提供普惠性、均等化的职业技能培训。实施“互联网+职业技能培训计划”，加强工匠学院、线下培训基地建设，丰富培训形式内容，为职工技能鉴定考试、职业生涯规划提供咨询服务。

一是推进工匠学院建设。2022年7月，全国总工会办公厅印发《关于进一步做好工匠学院建设工作的通知》，从统筹推进工匠学院建设和加大支撑保障等方面对推进工匠学院建设提出了要求。截至2022年11月底，各地、各产业已建设各级各类工匠学院近300家。工匠学院的主要功能是对职工开展职业教育培训，提高职工技术技能水平，重点聚焦培养高精尖缺人才和高技能人才、聚焦职工技术创新，努力把工匠学院建设成为职工技能素质提升、技术创新的基地，职工技术创新成果孵化、展示、交流转化的平台和载体。近年来，各省（区、市）总工会、各全国产业工会通过自建、与企业共建、与职业院校（高校、技工院校）联合办学、依托劳模和工匠人才创新工作室、建设线上平台等多种方式开展了工匠学院建设工作，工匠学院已经成为提高广大职工技术技能水平、传承工匠精神、培养工匠人才的重要载体。

二是推进职工线上技能学习，利用“互联网+”为职工技能提升服务。2020年2月，为应对新冠肺炎疫情、鼓励广大职工参与线上技能培训，全国总工会开发上线“技能强国-全国产业工人技能学习平台”，邀请各行业劳动模范、工匠人才、技术专家等在线直播授课，加大对一线职工在线培训力度。2021年9月，“技能强国”与“全国产业工人学习社区”整合为“技能强国-全国产业工人学习社区”。截至2022年底，“技能强国-全国产业工人学习社区”共组织392名劳模工匠开展直播，职工学习培训人次累计达2亿。

三是开展高技能领军人才境外培训。2019年2月，全国总工会与科技部签署《中华全国总工会与科学技术部联合实施高技能领军人才和优秀产业技术紧缺人才境外培训的合作协议》，联合开展高技能领军人才境外培训。2019年组织两批赴德国、一批赴日本共计75人参加培训。受新冠肺炎疫情影响，2022年9月以“智能制造与先进制造业”为主题组织境外（德国）线上培训，培训规模110人。

二、职工职业技能比赛

（一）技能比赛的种类

目前，工会组织开展的职工职业技能比赛主要分为三个层级。

一是国家级技能竞赛。国家级技能竞赛分为两类，跨行业（系统）、跨地区的为一类竞赛，单一行业（系统）的为二类竞赛。这两类技能竞赛可以称为技能大赛。国家级一类竞赛由全国总工会会同国家有关部门牵头组织，冠以“全国”、“中国”等竞赛活动名称；国家级二类竞赛由各全国产业工会与相关行业部门或行业（系统）协会牵头举办，可冠以“全国××行业（系统）××职业（工种）”等竞赛活动名称。二是各地方总工会开展的各项职工职业技能竞赛。三是各级企事业单位开展的职工职业技能竞赛。

（二）技能比赛的组织

职工职业技能比赛是依据国家职业技能标准，结合企事业单位生产和经营工作实际开展的以操作技能和解决实际问题能力为重点的、有组织的群众性竞赛活动。职工职业技能比赛应坚持社会效益为主和公开、公平、公正的原则，并与职业技能培训、职业技能鉴定、业绩考核、技术革新和生产工作紧密结合。职业技能比赛应严格执行国家有关法律、法规和行业标准。

深入开展职工职业技能竞赛，围绕《中国制造 2025》，把关键技术、前沿技术、高端技术和解决生产难题、关键问题作为竞赛的主要内容。创新组织形式、完善竞赛办法，练赛结合、比学结合，促进技能竞赛提质增效。注重竞赛典型及成果的宣传、转化和交流，总结推广网上练兵、网上技能竞赛等新形式，扩大技能竞赛影响。

工会开展的各层级技能比赛，由工会联合各主办单位或部门组成竞赛组织机构，加强组织领导；制订竞赛方案，明确竞赛工种；确定竞赛日程，安全顺利办好竞赛。大力弘扬劳模精神、劳动精神、工匠精神，为广大职工交流技术、提升技能、切磋技艺搭建平台，激发广大职工立足本职学习新知识、掌握新技能、增长新本领的热情，促进职工技能水平的普遍提高，发现选拔高技能人才。各级工会组织以职工职业技能竞赛为契机，开展多层次、多形式的群众性岗位练兵、技能比武活动，以赛促学、以赛带训，进一步掀起了学习知识、掌握技能、提高素质的热潮。

（三）技能比赛体系建设

全国总工会着力构建以全国职工职业技能大赛为引领、各全国产业工会和地方总工会职工职业技能竞赛为主体、企事业单位职工职业技能比赛为基础的三级职工职业技能竞赛体系。全国总工会已经联合人社部、科技部、工信部等连续举办了七届全国职工职业技能大赛。2013 年以来，联合有关部委共同主办国家级一类职业技能大赛 28 项、国家级二类职业技能竞赛 200 余项。

（四）推进全国产业工会职工职业技能竞赛品牌化

为进一步加强职业技能竞赛品牌化、机制化建设，贯彻落实《新时期产业工人队伍建设改革方案》，充分发挥职业技能竞赛在构建产业工人技能形成体系和创新产业工人发展制度方面的积极作用，2022年，全国总工会推进全国产业工会职工职业技能竞赛品牌建设，按照“体现特色、重点扶持”的原则，选取连续举办三届以上、层层组织开展、工会发挥作用显著、社会认可度高、职工参与度高、提高职业技能效果良好的技能竞赛纳入品牌化管理。

（五）建立职工职业技能比赛授予全国五一劳动奖章制度

为加强全国五一劳动奖章对开展职工职业技能比赛的激励支持作用，调动广大职工参加职业技能比赛的积极性主动性，充分发挥职业技能比赛在提高技能水平、培养技能人才方面的重要作用，2021年6月，全国总工会办公厅印发《职工职业技能比赛授予全国五一劳动奖章管理办法》。《办法》规定，以全国总工会名义主办或参与主办的职工职业技能比赛的获奖者，可申报全国五一劳动奖章，名额单列；全国总工会牵头主办的一类职业技能大赛“全国职工职业技能大赛”，决赛个人赛中获得前三名且符合条件的职工，全国总工会参与主办的其他一类职业技能大赛，决赛个人赛中获得第一名且符合条件的职工，其他不属于一类职业技能大赛中，由全国总工会联合主管部委共同主办的，社会认可度高、职工参与度高、提高职业技能效果良好，特别是涉及新技术新业态相关工种的职业技能大赛，决赛个人赛中获得第一名且符合条件的职工，可在次年五一前夕集中表彰时由所属省级总工会按程序申报全国五一劳动奖章。

第二节　职工技术创新工作

党的十八大以来，党中央、国务院作出实施创新驱动发展战略的重大决策部署，把创新作为引领发展的第一动力。党的十八届五中全会指出，坚持创新发展，必须把创新摆在国家发展全局的核心位置。破解发展难题，厚植发展优势，必须牢固树立并切实贯彻创新、协调、绿色、开放、共享的发展理念。党的十九大提出，贯彻新发展理念，建设现代化经济体系，加快建设创新型国家，培养造就一大批具有国际水平的战略科技人才、科技领军人才、青年科技人才和高水平创新团队。党的十九届五中全会强调要坚定不移贯彻创新、协调、绿色、开放、共享的新发展理念，在明确“十四五”时期经济社会发展主要目标时，将“创新能力显著提升”作为一项重要标准。党的二十大强调加快实施创新驱动发展战略，并指出培育创新文化，弘扬科学家精神，涵养优良学风，营造创新氛围。经过各级工会持续努力，已经培养造就了一大批懂技术、能创新的大国工匠和杰出技术工人，以他们为代表的群众性技术创新队伍是一支不可或缺的战略科技力量，群众性技术创新体系是国家创新体系建设的重要组成部分，将为科技强国、质量强国、航天强国、网络强国、交通强国、数字中国、智慧社会建设提供有力支撑。《新时期产业工人队伍建设改革方案》明确提出，加大对产业工人创新创效扶持力度。深化群众性技术创新活动，开展先进操作法总结、命名和推广。推动具备条件的行业企业建立职工创新工作室、劳模创新工作室和技能大师工作室，联合高等学校、职业学校和专业科研机构共建实验实训平台，探索创建跨区域、跨行业、跨企业的创新工作室联盟。开展全国职工优秀创新成果评选，适当增加国家科技进步奖推荐名额，鼓励和支持产业工人创新成果评选、展示，推动大众创业、万众创新蓬勃发展。

一、群众性技术创新活动

（一）群众性技术创新是国家创新体系的重要组成部分

近年来，广大职工立足岗位深入开展群众性技术创新活动，职工技术创新能力不断增强，创新成果不断涌现，在创新驱动发展中的主力军作用日益显著。

“十三五”期间，各级工会按照《中华全国总工会 2016—2020 年劳动和技能竞赛规划》的要求，广泛深入持久开展“当好主人翁、建功新时代”主题劳动和技能竞赛。截至 2019 年底，全国开展主题竞赛活动的已建工会规模以上企业 66 万余家，参与职工 3.2 亿人次；广大职工提出合理化建议 3751.79 万件、实施 2373.8 万件，开展技术革新 214.5 万项，完成发明创造 80.8 万项、先进操作法 64 万项。

劳模和工匠人才创新工作室创建活动不断深化，带动了更多职工参与技术创新。目前，全国 31 个省（区、市）总工会普遍开展了创新工作室创建和示范命名工作，许多地方出台专门制度文件。据统计，2014 年以来，全国总工会命名全国示范性创新工作室 297 家，各省级总工会命名示范性创新工作室 8669 家，地市级总工会命名示范性创新工作室约 3 万家，各级各类命名的创新工作室 8.2 万家，已经形成以全国示范性创新工作室为引领，省、市级创新工作室为中坚，基层创新工作室蓬勃发展的良好局面。同时，全国总工会指导各地、各产业工会围绕产业链有序扩大跨区域、跨行业、跨企业的创新工作室联盟。指导中华全国铁路总工会成立全国铁路机务系统劳模和工匠人才创新工作室联盟；指导中国农林水利气象工会探索成立中国农垦乳业劳模和工匠人才创新工作室联盟、生猪产业劳模和工匠人才创新工作室联盟等。

（二）党和国家高度重视群众性技术创新

2013 年 4 月 28 日，习近平总书记在同全国劳动模范代表座谈时指出，“当代工人不仅要有力量，还要有智慧、有技术，能发明、会创新，以实际行动奏响时代主旋律”，“要高度重视广大职工的多样化需求，不断拓展职工成长成才空间，着力培养造就一大批知识型、技术型、创新型的高素质职工”。2020 年 11 月 24 日，习近平总书记在全国劳动模范和先进工作者表彰大会上的讲话中指出：“要增强创新意识、培养创新思维，展示锐意创新的勇气、敢为人先的锐气、蓬勃向上的朝气。”习近平总书记在致首届大国工匠创新交流大会的贺信中指出：“各级党委和政府要深化产业工人队伍建设改革，重视发挥技术工人队伍作用，使他们的创新才智充分涌流。”

2013 年，国务院办公厅下发了《关于强化企业技术创新主体地位全面提升企业创新能力的意见》，明确要求广泛开展群众性技术创新活动，完善激励机制，充分调动职工参与技术创新的积极性，提高企业职工科技素质。2017 年，中共中央、国务院印发《新时期产业工人队伍建设改革方案》，要求加大对产业工人创新创效扶持力度。

（三）全国总工会积极响应大力推进群众性技术创新

全国总工会积极响应党中央、国务院号召，组织动员广大职工践行创新发展理念、在经济建设主战场建功立业，全面部署，大力推进。各级工会组织广泛深入持久开展劳动和技能竞赛，深化技术革新、技术协作、发明创造、合理化建议、网上练兵和“五小”等活动，深入推进产业工人队伍建设改革，着力提高职工技术技能水平，努力建设一支宏大的知识型、技能型、创新型劳动者大军。

为组织动员广大职工践行创新发展理念，在经济建设主战场建功立业，全国总工会出台了《关于广泛深入持久开展“五小”活动的指导意见》。制定《关于充分发挥工会在建设知识型、技术型、创新型技术工人队伍中作用的意见》、《关于进一步提高非公企业劳动和技能竞赛工作水平的意见》，“十三五”期间，围绕国家重大战略、重大工程、重大项目、重点产业，组织动员 3.7 亿人次产业工人参与多种形式的劳动和技能竞赛。2021 年，全国总工会印发《中华全国总工会劳动和技能竞赛规划（2021—2025 年）》、《关于深入开展“十四五”全国引领性劳动和技能竞赛的通知》，明确聚焦国家重大战略、重大工程、重大项目、重点产业，紧扣推动高质量发展、紧扣坚持创新核心地位、紧扣激发人才创新活力开展竞赛，并对竞赛中涌现的先进集体和先进个人在全国五一劳动奖评选中优先推荐。

二、职工创新补助资金

2015 年，为进一步激励一线职工积极投身于创新实践，推动企业技术进步和产业转型升级，全国总工会设立职工创新补助资金，出台《职工创新补助资金管理办法（试行）》。2020 年，为进一步管好用好补助资金，提高一线职工技术创新能力和水平，在总结职工创新补助资金工作实践基础上，修订印发了《职工创新补助资金管理办法》。

（一）设立职工创新补助资金，完善创新激励链条

如何切实有效地激发广大职工的创造热情和创新才智，推动群众性技术创新活动真正嵌入企业研发链条、融入国家创新体系，充分发挥技术工人在创新驱动发展中的主力军作用，为大众创业、万众创新夯实群众基础，一直是工会经济技术工作面临的一大课题。

2015 年，全国总工会经济技术部向书记处请示，建议全国

总工会设立职工专项补助资金，通过资金扶持、孵化项目的方式，深化劳模和工匠人才创新工作室的创建工作，发挥劳模和工匠人才创新工作室的示范引领作用，引导群众性技术创新活动。当时申请补助资金总额 1000 万元，以三年为一个周期，从全国总工会对下“超收补助”中安排，专门用于扶持全国示范性劳模和工匠人才创新工作室的技术创新项目和技能培训项目。该建议获得书记处批准，并列入当年预算项目。

2015 年底，按照《办法（试行）》，经劳模和工匠人才创新工作室项目申报、各省（区、市）总工会推荐，全国总工会组织各方面专家对申报推荐项目进行会议评审，决定 2015 年度职工创新补助项目 16 项，下拨补助资金 275 万元。2016 年，全国总工会组织了第二批职工创新补助资金项目申报、推荐、评审工作。经专家评审，34 个创新项目获得补助资金支持，补助金额达到 640 万元。

2015 年 7 月，职工创新补助资金项目积极申报国家财政 2016 年预算项目，拟申请国家财政预算 100 万元支持。申请获批，用于 2016 年度补助项目。

2016 年，全国总工会劳动和经济工作部会同全国总工会财务部再次向财政部提出申请，未来五年每年安排 800 万元财政预算支持职工创新补助资金项目。经财政部预算评审中心评估，最终获得财政部批准，未来五年每年安排 640 万元财政预算支持职工创新补助资金项目。

2017—2022 年，每年补助金额达 640 万元。2017 年、2018 年，每年有 40 个项目获得职工创新补助资金。2019 年、2020 年，每年有 32 个项目获得职工创新补助资金。2021 年，54 个项目获得职工创新补助资金。2022 年，38 个项目获得职工创新补助资金。

（二）职工创新补助资金管理办法的主要构想和内容

职工创新补助资金经书记处批准设立后，经济技术部专门成立了补助资金项目工作组，负责项目调研和《办法（试行）》起草工作，通过收集29个省（区、市）总工会扶持职工创新活动的经验，参研国家科技奖励项目评审和国家出版基金管理的方法、思路，形成了《办法》初稿。随后赴上海、河北等地实地调研，召开七个座谈会，广泛征求意见，会同全国总工会财务部和经审办反复论证和修改完善。2015年11月，《办法（试行）》经全国总工会第十六届书记处第四十一次会议审议通过。2020年，对《办法（试行）》进行了修订，《办法》经全国总工会第十七届书记处第十八次会议审议通过。

《办法》在总则中开宗明义：为鼓励和支持一线职工技术创新活动，推动建设知识型、技能型、创新型劳动者大军，进一步发挥劳模和工匠人才创新工作室、职工创新工作室等职工创新团体示范引领、集智创新、协同攻关、传承技能、培育精神等功能，确保职工创新补助资金科学管理、规范实施、取得实效，根据国家有关法律法规制定本办法。而且明确强调，职工创新补助资金重点支持创新工作室开展的技术攻关、技术革新、发明创造等。这样安排的主要逻辑是，职工技术创新是国家创新体系的重要组成部分，是大众创业、万众创新的群众基础，而劳模和工匠人才创新工作室是集聚一线职工创新力量、整合基层创新资源的重要载体，通过职工创新补助资金深化劳模和工匠人才创新工作室的创建，可以带动更多职工投身于创新实践。

设立职工创新补助资金的直接目的是源头激励，期望资金达到类似天使基金、风险投资基金的项目孵化效果，因此，《办法》引入了基金的管理理念和管理方式，体现了示范引导、孵化指导、考核督促、全程管理的总体思路。在管理流程上，分为项目逐级推荐申报、组织专家进行项目评审、项目审定后公示、资金经省级总工会拨付、项目实施全过程动态管理、结项验收推荐评优六大环节，切实发挥“四两拨千斤”的孵化效果和示范引导作用。

《办法》共七章24条。第一章为“总则”，主要表明设立职工创新补助资金的指导思想、资金来源和补助项目确定的基本原则。职工创新补助资金的主要来源是全国总工会经费，并积极争取中央财政、社会及企业资金支持。由于预算有限，所以必须用好管好，务求取得实效。

充分发挥各级工会作用，是用好管好职工创新补助资金的关键。因此，《办法》第二章“机构与职责”明确了与项目相关的管理、监督、实施主体的职责和分工，包括全国总工会劳动和经济工作部、财务部、经审办三部门，全国总工会、省级工会、产业及相关部门和基层工会，最后是实施主体。各主体分工明确，职责和边界清晰。

职工创新补助资金补助范围在《办法》第三章进行了明确界定，这是《办法》的亮点内容。职工创新补助资金补助范围重点是劳模和工匠人才创新工作室开展的具有一定科研价值、科技含量，实施后能切实解决现场工艺技术难题的项目；填补某一技术领域空白，对我国产业升级、技术进步等具有积极推动作用的项目；先进、合理、实用、可行，具有较好预期经济和社会效益的项目；其他优秀职工创新项目。《办法》首先补助劳模和工匠人才创新工作室开展的项目，对职工技术创新活动的开展进行方向性的引导。现场工艺技术难题往往是企业技术进步甚至产业转型升级的瓶颈所在，一线职工长期在现场实践中对研发设计实现过程中的工艺技术难题有着比较深刻的认识，而这些攻关项目在提出之初，往往得不到企业的充分重视。

把“切实解决现场工艺技术难题的项目”作为职工创新补助资金的支持重点，一个重要目的就是要企业充分重视群众性技术创新的价值和能量。各级财政支持的和企事业的重点项目不在补助范围，一是考虑财政资金不能重复拨付；二是考虑企业重点项目一般不缺乏资金支持。

用好管好补助资金首先是要筛选出那些真正“先进、合理、实用、可行，具有较好预期经济和社会效益的项目”，为此，《办法》在第四章设计了一套严格而复杂的申报与确定程序，包括补助项目的申报条件和要求、补助项目及金额确定的流程，具体设初审、形式审查、评审和公示四个程序。作为《办法》的核心内容，这套申报与确定程序看起来流程非常复杂，操作上也十分严格，主要还是考虑工会经费有限，不能简单地发钱，而是要像基金一样进行项目确定和资金管理。同时，《办法》考虑把职工创新补助资金项目整个操作过程，变成发现、挖掘、积累一线职工优秀创新项目、培训项目和创新人才的过程，与中国职工经济技术信息化服务平台直接对接，构建和完善群众性技术创新活动的激励链条。

用好管好补助资金的最有效办法是全过程监督和管理。《办法》第五章“实施与管理”主要规定了拨款程序和进度、项目预算管理、补助项目变更处理、年度检查、结项验收、成果管理和交叉互检等具体管理监督措施。全程动态监管的设置也是借鉴了基金的管理思路，确保用不多的钱产生更好的绩效。同时，把监管过程变成提升职工创新能力、项目管理能力、创新成果管理能力的过程。验收合格项目成果与专利纳入中国职工经济技术信息化服务平台管理，择优推荐参评国家科学技术奖励、中国专利奖等；对符合条件的项目负责人，推荐参加高技能领军人才境外培训。

任何严格而复杂的程序都不能保证不出偏差，况且职工创新补助资金项目本身存在创新失败和使用失当的风险。因此，《办法》在第六章“罚则”中设计了工会财务监管、审计监督和纠错机制的制度安排，目的是降低职工创新补助资金项目选择不当的概率，以及控制资金使用过程中的风险。

（三）职工创新补助资金管理办法运行情况及发现的问题

自2015年职工创新补助资金设立，全国总工会每年组织职工创新补助资金项目的申报、推荐和评审工作，截至2022年底，共补助一线职工创新项目286项，累计发放补助资金4775万元。2016年，全国总工会对2015年度职工创新补助资金项目进展情况和资金使用情况进行了跟踪调查。调查结果显示，获得补助的16个项目进展都非常顺利，全部能够按时完成预期目标，有些创新项目的技术水平预计能够达到国际先进水平。2021年，根据《办法》有关要求，全国总工会对2015年至2020年度补助资金项目实施情况进行了摸底统计。在创新补助资金的扶持下，一大批职工项目取得了重大技术突破，实现了技术创新，带动了企业扶持，取得了良好的经济效益；激励职工创新，取得了良好的社会效益。

近年来，职工创新补助工作取得了一定成效，但也存在一定问题，主要表现在“专精特新”、“高精尖缺”项目较少，部分单位对项目的监督管理不够及时、规范，项目的引领带动作用还需要进一步增强。针对存在的问题，结合新时期产业工人队伍建设改革要求，下一步将进一步加强规范化建设工作，注重创新补助资金项目的导向性，补助资金优先向国家需要、产业亟需、企业关键核心技术项目倾斜，示范带动更多资金支持一线职工技术创新。

三、职工创新成果评选与推荐

（一）职工创新成果评选

开展全国职工优秀技术创新成果交流活动，是深入实施科教兴国战略、人才强国战略、创新驱动发展战略的重要举措。自2004年起，全国总工会、科技部、工信部、人社部先后联合举办了四届全国职工优秀技术创新成果评选表彰活动；2018年以来，四部门又联合举办了两届全国职工优秀技术创新成果交流活动，共有486项成果获奖。活动开展以来，极大地激发了职工参与技术创新的积极性，对于推动企业自主创新，促进企业发展，起到了非常积极的作用。

地方各级工会高度重视，切实加强领导，成立相应的组织领导机构和工作机构，引导各类企事业单位将技术先进、便捷实用，能够显著提高劳动生产率、产品质量，推进安全生产与卫生、节能减排、保护环境，取得显著经济效益或社会效益的创新成果推荐上来。同时，认真做好推荐成果的初评工作，凡涉及国家机密、存在知识产权争议的成果，政府投资或企业组织专业技术人员攻关取得的成果，不在推荐评选之列；已获国家科技进步奖的成果不参加评选。

（二）国家科学技术进步奖推荐

国家科学技术进步奖授予在技术研究、技术开发、技术创新、推广应用先进科学技术成果、促进高新技术产业化，以及完成重大科学技术工程、计划项目等方面作出突出贡献的公民和组织。国家科技奖励工作办公室奖项专门设置了工人农民技术创新组，奖励工人、农民身份的一线科技人员在科学研究和技术开发活动中，完成具有重大市场实用价值的产品、技术、工艺、材料、设计和生物品种及其推广应用的科技成果。

2006年以来，全国总工会在各级工会申报基础上，精心筛选、悉心辅导和大力推荐，截至2020年底，经由全国总工会推荐荣获国家科技进步二等奖的技术工人已达20名。2017年度，洪家光、黄金娟两位一线职工的创新成果经全国总工会推荐获国家科技进步奖，其中，黄金娟是首位经全国总工会推荐获国家科技进步奖的女职工。

各级工会项目申报是国家科技进步奖推荐的基础性工作。综合分析经全国总工会推荐荣获国家科技进步奖的项目，各地工会在申报国家科技进步奖时，应确保项目具有以下特点。

1. 技术创新性突出。

在技术上有重要的创新，特别是在高新技术领域进行自主创新，形成了产业的主导技术和名牌产品，或者应用高新技术对传统产业进行装备和改造，通过技术创新提升传统产业，增加行业的技术含量，提高产品附加值；技术难度较大，解决了行业发展中的热点、难点和关键问题；总体技术水平和技术经济指标达到了行业的领先水平。

2. 经济效益或者社会效益显著。

所开发的项目经过三年以上较大规模的实施应用，产生了很大的经济效益或者社会效益，实现了技术创新的市场价值或者社会价值，为经济建设、社会发展和国家安全作出了很大贡献。

3. 推动行业科技进步作用明显。

项目的转化程度高，具有较强的示范、带动和扩散能力，促进了产业结构的调整、优化、升级及产品的更新换代，对行业的发展具有很大作用。

（三）全国创新争先奖推荐

2016年5月30日，习近平总书记在全国科技创新大会、两院院士大会、中国科协第九次全国代表大会上发表重要讲话，吹响建设世界科技强国的号角，强调坚持走中国特色自主创新道路，面向世界科技前沿、面向经济主战场、面向国家重大需求，加快各领域科技创新，掌握全球科技竞争先机；要求“团结引领广大科技工作者积极进军科技创新，组织开展创新争先行动”。经中央批准，人社部、中国科协、科技部、国务院国资委共同设立全国创新争先奖，表彰奖励在创新争先行动中作出突出成绩的科技工作者和集体。

根据《人力资源社会保障部、中国科协、科技部、国务院国资委关于评选全国创新争先奖的通知》，全国总工会劳动和经济工作部研究制订工作方案。拟推荐人选和团队在经全国总工会推荐并获得国家科技进步奖的项目基础上产生，由相关省（区、市）总工会按照评选通知要求组织人员民主推荐、专家评议、研究确定推荐对象、公示等，并具体指导拟推荐人选和团队填报《推荐书》、准备相关推荐材料。2017 年推荐 7 名奖章奖状候选人和 1 个奖牌候选团队参加首届全国创新争先奖的评选，2020 年推荐 5 名个人候选人和 1 个候选团队参加第二届全国创新争先奖的评选。截至 2020 年底，全国总工会推荐的 4 名技术工人荣获全国创新争先奖状。

2017 年 5 月 27 日，庆祝全国科技工作者日暨创新争先奖励大会在北京举行。会上颁发了首届全国创新争先奖，大亚湾反应堆中微子实验团队等 10 个科研团队被授予创新争先奖牌，王过中等 28 人被授予创新争先奖章，丁列明等 254 人被授予创新争先奖状。由全国总工会推荐的江苏省电力试验研究院有限公司技术主管高级技师朱洪斌、国网山东省电力公司检修公司淄博分部输电运维专工高级技师高森、呼和浩特铁路局焊轨段高级工程师郭晋龙荣获创新争先奖状。他们是所有获奖者中仅有的三位来自生产一线的技术工人。2020 年，沈阳黎明航空发动机（集团）有限责任公司首席技能专家洪家光荣获第二届全国创新争先奖状。

全国创新争先奖每三年评选表彰一次，是国家科技奖励体系的重要组成部分，是仅次于国家最高科技奖的科技人才大奖。全国总工会作为推荐单位，重点推荐创新业绩突出的职工技术创新领军人才。由于推荐名额有限，原则上从近三年内经全国总工会推荐获得国家科技进步奖、中国专利金奖中推荐个人候选人，从全国职工优秀技术创新成果交流活动一二等项目的一线工人团队中推荐候选团队。

（四）中国专利奖推荐

中国专利奖是国家级表彰奖励，是知识产权领域的最高奖项。为鼓励发明创造，培育创新文化，自 1989 年起，国家知识产权局与世界知识产权组织共同开展中国专利奖评选工作，至今已成功举办了 23 届。经过 30 多年的积累，中国专利奖的影响力不断扩大，导向作用日益增强。中国专利奖的评选，对于深入实施知识产权战略，激发全社会创新活力，加快建设知识产权强国产生积极作用。中国专利奖设中国专利金奖、银奖、优秀奖，中国外观设计金奖、银奖、优秀奖，每年评选一次。

近年来，全国职工创新热情高涨，创新能力和水平不断提高，创新成果大量涌现，同时产生了大量专利成果（2017 年度全国总工会推荐的国家科技进步奖的一个项目拥有 47 项专利）。为进一步组织动员广大职工在创新驱动发展中充分发挥主力军作用，全国总工会劳动和经济工作部积极与国家知识产权局专利管理司协商争取，全国总工会自 2017 年起正式成为中国专利奖的推荐单位，每年可推荐 10 个专利项目。推荐项目由各省（区、市）总工会根据评选通知要求选拔推荐，经全国总工会组织专家评审、辅导后推荐参加评选。2017 年，全国总工会推荐的发明专利，1 项获得金奖，7 项获得优秀奖；全国总工会成为唯一获得最佳组织奖的非专业组织。2019 年，全国总工会劳动和经济工作部制定了《全国职工参评中国专利奖专利项目遴选推荐办法》，开发了“中国职工优秀专利管理系统”。自 2017 年获推荐资格以来，全国总工会推荐的一线职工专利中 1 项获得中国专利奖金奖、2 项获得银奖、34 项获得优秀奖，全国总工会先后获得第十九届中国专利奖最佳组织奖、第二十一届中国专利奖优秀组织奖。

四、职工创新服务

（一）知识产权服务

引导职工自觉形成知识产权保护意识，协助职工将其技术创新转化为专利权，维护职工创新合法权益是激发职工技术创新积极性的有力保障。各级工会组织应切实做好知识产权保护宣传工作，面向一线职工开展专利工作的义务培训和指导，提高专利权意识，提升专利申报的积极性；协调企业与职工间的技术权属分歧，协助职工将个人技术创新转化为专利权，依托技协组织建立公共平台，提供专业的专利权公共政策、法律咨询，提供专利的申请指导和专利申请的代理服务；维护职工知识产权收益，充分整合资源，联系相关部门服务职工专利成果转化，并提供专利权保护的各项代理服务；利用中国专利奖评选与申报的过程，积极发现与储备优秀专利项目，对于申请专利的企业和职工可免收专利申请费、代理费、发明专利实质审查费等费用；鼓励利用职工技协，设立专利信息服务平台建设奖励基金，用于奖励成绩突出的专利权人和推荐优秀专利的组织。

（二）创新指导服务

广大职工群众是国家的主人、发展的主力军，职工创新是国家创新体系的重要组成部分。优秀技术职工是某一领域的技术专家，是企业与国家的宝贵财富，职工技术创新在国民经济发展中的地位和作用越来越得到社会各界的重视与认可，如何最大限度地激发出创新才能，将其技术创新成果进行全面的推广与转化，是工会经济工作的着重关注点之一。技术职工一般都是某一领域的专家，但可能缺乏系统的技术体系和创新思维，企业日常培训也存在注重实效、忽视系统的问题。各地工会应依靠技协组织和行业协会，建立专业的咨询专家委员会，为其提供专业的技术咨询和创新方法论培训。同时，挖掘各企业、劳模和工匠人才创新工作室的技术创新先进经验，分行业加以总结，形成典型案例，以展示、交流或培训的方式向各地区的创新工作室推广，让广大技术团队在创新过程中达到事半功倍的效果。

（三）创新成果展示交流

创新展示服务是指工会组织通过展览会、交易会的形式，为职工搭建一个成果展示、经验交流与技术对接的服务平台，从而达到宣传创新成功经验、拓展职工创新视野、加速创新成果转化的目的。自 2003 年起，科技部、工信部、全国总工会等 20 多个有关部委和福建省人民政府共同主办中国・海峡项目成果交易会（以下简称“6・18”）。2006 年“6・18”期间，全国总工会主办、福建省总工会承办首届“海峡两岸职工创新成果展”，2007 年“6・18”期间，全国总工会开始主办“海峡两岸职工创新成果展”，截至 2019 年底已经成功举办了 14 届，对接项目超过 1200 项，合同金额达 100 亿元。2020 年初，因形势变化，福建省总工会不再承办“海峡两岸职工创新成果展”。

2022 年 4 月 27 日至 29 日，首届大国工匠创新交流大会成功举办。大会由全国总工会主办，广东省总工会、深圳市人民政府、中国职工技术协会承办，以“技能强国，创新有我”为主题，采取线上线下相结合的方式。习近平总书记对大会高度重视，专门发来贺信，在全社会引发强烈反响。大会首次组织开展职工创新成果转化签约活动，开发“首届大国工匠创新交流大会线上签约管理系统”，共有495项职工创新成果在线签订成果转化意向书，总金额达84.86亿元。大会为广大高技能人才搭建了交流平台，充分利用市场机制推动职工技术创新成果转化，进一步叫响做实了大国工匠品牌。

思考题：

1. 职工职业技能培训载体有哪些？
2. 三级职工职业技能竞赛体系是什么？
3. 职工技能素质提升的主要内容是什么？
4. 如何深化群众性技术创新活动？

第五章　劳模和五一劳动奖工作

党和国家历来高度重视劳模工作。习近平总书记多次就大力弘扬劳模精神、劳动精神、工匠精神作出重要指示批示。2018 年 4 月 30 日，习近平总书记给中国劳动关系学院劳模本科班学员回信，勉励广大劳动模范珍惜荣誉、努力学习，继续拼搏、再创佳绩；2020 年 11 月 24 日，习近平总书记出席全国劳动模范和先进工作者表彰大会，向受到表彰的代表颁奖并发表重要讲话；2022 年 4 月 27 日，习近平总书记给首届大国工匠创新交流大会致贺信。习近平总书记的这些重要论述为工会做好劳模工作提供了根本遵循。

劳模（包括劳动模范和先进工作者）、五一劳动奖（包括五一劳动奖状、奖章）和工人先锋号的培养、选树、评选、表彰、宣传、管理、服务工作通常称为劳模工作。劳模工作是工会工作的重要内容。做好劳模工作，大力弘扬劳模精神、劳动精神、工匠精神，对于充分调动广大职工的积极性、主动性、创造性，进一步焕发劳动热情，释放创造潜能，凝聚起同心筑梦的磅礴力量，具有十分重要的意义。

第一节　奖项的产生及历史作用

我国的劳模表彰制度在中华苏维埃时期初现雏形，在延安时期蓬勃发展并逐步制度化，并在新中国成立后得到正式确立。

早在 20 世纪 30 年代，在革命根据地瑞金的赠旗大会上，时任中华苏维埃政府主席毛泽东将奖旗赠给“春耕模范”，以先进典型推动夏耕运动。40年代，党领导的陕甘宁边区政府在经济上面临着巨大的困难，自力更生依靠自己的力量，发展生产，打破敌人的封锁，成为当时边区的紧迫任务。在党的领导下，边区开展了“新劳动者运动”、“增产立功运动”，争当“增产立功”的“新劳动者”成为边区工人的响亮口号和奋斗目标，涌现出“边区工人一面旗帜”赵占魁、“兵工事业开拓者”吴运铎、“新劳动运动旗手”甄荣典等一批先进人物，他们以“新的劳动态度对待新的劳动”，积极参加义务劳动，全力支援前线斗争，带动群众投身中国共产党领导的人民解放事业。1943年11月，中共中央在延安召开了劳动英雄及模范生产工作者代表大会，自此，英模表彰模式逐步建立起来。

新中国成立后，“高炉卫士”孟泰、“铁人”王进喜、“两弹元勋”邓稼先、“知识分子的杰出代表”蒋筑英、“宁肯一人脏、换来万人净”的时传祥等一大批先进模范，响应党的号召，带动广大群众自力更生、奋发图强。王进喜以“宁肯少活20年，拼命也要拿下大油田”的气概，带领石油工人为我国石油工业发展顽强拼搏，“铁人精神”、“大庆精神”成为激励各族人民意气风发、投身社会主义建设的强大精神力量。

在改革开放历史新时期，“蓝领专家”孔祥瑞、“金牌工人”窦铁成、“新时期铁人”王启民、“新时代雷锋”徐虎、“知识工人”邓建军、“马班邮路”王顺友、“白衣圣人”吴登云、“中国航空发动机之父”吴大观等一大批劳动模范和先进工作者，干一行、爱一行，专一行、精一行，带动群众锐意进取、积极投身改革开放和社会主义现代化建设，为国家和人民建立了杰出功勋。

党的十八大开启中国特色社会主义新时代，一批又一批知识型、技能型、创新型劳动者为实现中华民族伟大复兴的中国梦而奋斗，“金牌工人”许振超、“新时代雷锋”郭明义、“工人导师”巨晓林、“金手天焊”高凤林，他们用智慧和汗水，谱写了新时代劳动者之歌。

纵观我国经济和社会发展的历史，各个时期涌现出来的先进模范人物以自己的奉献和牺牲，为国家独立、民族解放建立了不朽功勋；以自己的聪明才智和创造性劳动，为国家的繁荣富强作出了突出贡献；以自己在社会主义现代化建设中取得的巨大成就，推动社会的全面进步；以自己的崇高思想和先进事迹，为全国各族人民树立了学习的榜样和光辉的旗帜。在长期实践中，培育形成了爱岗敬业、争创一流、艰苦奋斗、勇于创新、淡泊名利、甘于奉献的劳模精神，崇尚劳动、热爱劳动、辛勤劳动、诚实劳动的劳动精神，执着专注、精益求精、一丝不苟、追求卓越的工匠精神。劳模精神、劳动精神、工匠精神是以爱国主义为核心的民族精神和以改革创新为核心的时代精神的生动体现，是鼓舞全党全国各族人民风雨无阻、勇敢前进的强大精神动力。

为表彰先进，树立典型，自1950年起，党中央、国务院先后召开了16次全国劳动模范和先进工作者（以下简称全国劳模）表彰大会。其中，1950年的全国工农兵劳动模范代表会议（第一次全国劳模表彰大会）是以政务院名义召开的；1956—1978年的6次全国劳模表彰大会是以党中央、国务院名义召开的；1979—2010年的7次全国劳模表彰大会是以国务院名义召开的；2015年，中央明确今后以党中央、国务院的名义表彰全国劳动模范和先进工作者。全国总工会从1985年开始，除召开全国劳模表彰大会的年份外，每年“五一”国际劳动节前夕都进行全国五一劳动奖状、奖章的评选表彰；从2007年起，开展工人先锋号创建活动；从2008年起，开始命名全国工人先锋号；从2016年起，将全国五一劳动奖状和全国五一劳动奖章统称为全国五一劳动奖。

第二节　劳模工作是工会工作的重要内容

劳模工作是工会工作的重要组成部分。做好劳模工作是工会围绕中心，服务大局，运用先进模范人物的榜样作用，动员和激励广大职工群众为推进经济和社会发展作贡献的重要职责。

一直以来，各级工会组织牢牢把握我国工人运动的时代主题，充分发挥党联系职工群众的桥梁纽带作用，团结带领亿万职工群众坚定不移听党话、跟党走，广泛开展劳动和技能竞赛等群众性学赶先进活动，着力在竞赛活动中培养锻造先进模范人物，组织引导全国广大职工群众积极投身经济建设、政治建设、文化建设、社会建设、生态文明建设、党的建设，为实现第二个百年奋斗目标，实现中华民族伟大复兴的中国梦不懈奋斗。

《宪法》第四十二条规定："国家提倡社会主义劳动竞赛，奖励劳动模范和先进工作者。"2009 年，习近平同志在庆祝"五一"国际劳动节暨保增长促发展劳动竞赛推进大会上指出："群众性劳动竞赛活动锻造了劳动模范，而劳动模范的成批涌现推动了劳动竞赛活动不断向深度和广度进军。"讲话进一步深刻阐述了劳动模范产生于劳动竞赛的辩证关系。

长期以来，在党中央领导下，工会组织为做好劳模工作作出了重要贡献，受到了党和政府、广大劳模以及全社会的肯定。1950 年，在筹备召开全国工农兵劳动模范代表会议时，政务院明确规定：劳模代表要在工会负责组织开展的劳模运动的基础上评选。1979 年，在筹备召开全国职工劳模表彰大会时，党中央、国务院在《关于召开全国职工劳动模范代表大会的通知》中强调指出："做好劳动竞赛的组织工作，在竞赛过程中及时发现、热情鼓励、认真培养和教育先进人物，积极总结和推广他们的先进经验，使竞赛既蓬蓬勃勃，又扎扎实实，是各级党政机关和群众组织，首先是各级工会组织的重要任务。”做好劳模工作是工会应尽的重要职责。工会在劳模工作中已经建立起一套完善的组织机构和工作制度，形成了比较健全的运作机制。从1950年到2020年，工会组织协助党和政府成功召开了16次全国劳模表彰大会。从新中国成立初期的“劳模运动”、“先进生产者运动”到“为四化立功活动”、“学赶先进活动”、“职工经济技术创新工程”、“创先争优建功立业”劳动竞赛，工会始终坚持把推动群众性学赶先进活动作为自己的一项重要工作，在这些活动中培养和造就了一大批先进模范人物，形成了具有时代特点的劳模队伍，为广大职工群众树立了学习的榜样。多年来，除积极做好劳模的评选表彰工作外，各级工会还加强了调查研究，推动工作规范化，建立健全了劳模电子档案，实行网络化动态管理，认真关心劳模的工作和生活，切实帮助劳模解决实际困难，大力弘扬劳模精神、劳动精神、工匠精神，并且对劳模的培养、评选、表彰、宣传和管理，形成了一套行之有效的基本管理制度和办法。

第三节　劳模的评选表彰工作

评选表彰劳模的过程是广泛宣传工人阶级历史功勋，大力弘扬劳模精神、劳动精神、工匠精神的过程。要坚持评选标准，严格评选条件，准确把握评选要求，认真履行民主推荐程序，做到优中选优，真正把那些具有坚定的政治信念、高尚的道德情操、作出突出贡献的先进模范人物评选出来。

一、推荐评选

（一）推荐评选的对象和原则

劳模的评选表彰对象是在社会主义经济建设、政治建设、文化建设、社会建设、生态文明建设和党的建设等方面作出重大贡献，取得突出成绩的工人、农民、科教人员、管理人员、机关工作人员及其他社会各阶层人员。其中，“全国劳动模范”授予企业职工、农民和其他劳动者，“全国先进工作者”授予机关事业单位职工，“全国五一劳动奖状”授予在我国境内依法注册或登记的企业、事业、机关、社会组织及其他组织，“全国五一劳动奖章”授予中国籍员工，“全国工人先锋号”授予企业、事业、机关、社会组织及其他组织所属的部门或单位。随着农民工队伍的日益壮大，要注重推荐评选他们当中的先进模范人物，使评选表彰对象具有更加广泛的代表性。

推荐评选工作的基本原则：一是坚持公开、公平、公正的原则，广泛听取群众意见，充分发扬民主，以政治表现、工作实绩和贡献大小作为衡量标准，优中选优；二是面向基层、面向一线、面向普通劳动者，确保评选表彰主体是工作在生产一线的普通劳动者；三是突出时代性、先进性、代表性，面向经济社会发展的各条战线和社会的各个阶层；四是实行组织推荐，在全国劳模的推荐评选中，除单独组织推荐的中央和国家机关、最高人民法院、最高人民检察院、国务院国资委管理的中央企业在京直属单位、军队直属单位外，其他系统的人选原则上由其所在省、自治区、直辖市推荐。在全国五一劳动奖和全国工人先锋号的推荐评选中，表彰对象原则上由各省、自治区、直辖市和各全国产业工会以及中央和国家机关工会联合会推荐。

为确保推荐评选工作面向基层、面向一线、面向普通劳动者，推荐评选工作一般要明确各类表彰对象的比例。例如，在全国劳模评选中，1989 年规定，工人不少于 30%，农民不少于 20%。1995 年规定，必须确保一线工人不低于 32%，农民不低于 20%。2000 年规定，企业一线职工应不低于总数的 35%，农民应占总数的 20%，并提出企业负责人不超过总数的 8%。2005 年对各类人员的比例要求又进行了细化，规定企业职工不少于推荐评选名额总数的 45%，其中企业一线工人和专业技术人员不低于所推荐的企业职工数的 55%，企业负责人不超过所推荐的企业职工数的 22%（不超过推荐评选总数的 10%）；农民不低于推荐评选名额总数的 20%，其中乡镇企业负责人不超过所推荐的农民数的 20%；妇女和少数民族人员应占一定比例。在 2005 年的基础上，2010 年又规定了农民工不低于农民总数的 6%，东部农民工较多的省市应有一定数量的跨省市工作的农民工；机关事业单位人选不超过总数的 35%，其中县处级干部不超过 20%，副司局级及相当于副司局级以上干部不参加评选。2015 年在 2010 年的基础上进一步提高一线比例，企业一线工人和专业技术人员不低于企业职工人选的 57%，企业负责人不超过企业职工人选的 20%，中小微企业负责人应有一定代表，农民工不低于农民人选的 25%。2020 年，对各类人员的比例要求基本保持不变。

在全国五一劳动奖的推荐评选中，一直明确要求各类人员和集体的比例，对一线工人和技术人员、科教人员、农民工等要求最低比例，对企业负责人、领导干部的比例进行严格限制，并根据经济社会发展情况，逐渐提高对非公有制企业及其职工的比例要求，鼓励推荐具有工匠精神的高技能人才和优秀技术工人等。2022 年全国五一劳动奖和全国工人先锋号的推荐评选通知要求：（1）产业工人不低于 35%，其他一线职工和专业技术人员不低于 20%，科教人员不低于 20%，农民工不低于 10%。要体现时代特征，注意推荐货车司机、网约车司机、快递员、外卖配送员等新就业形态劳动者，各省（区、市）推荐的机关和事业单位县处级干部不超过 1 人，企业负责人不得超过分配名额，少数民族职工和女职工应占一定比例；（2）在推荐的全国工人先锋号先进集体中，企业班组不得少于 70%。

（二）推荐评选的条件

各级劳模的评选都要有明确的评选条件，这些条件是根据不同历史时期政治经济形势和任务提出的。制定评选条件时要把握以下四个方面：一是坚定的政治立场和信念，热爱祖国，拥护中国共产党的领导，认真贯彻执行党的路线方针政策等；二是广泛的代表性，要兼顾各个行业和各个方面；三是突出的先进性，即必须在某行业或某方面取得突出成绩或作出重要贡献；四是鲜明的时代性，要与时俱进，体现出鲜明的时代特点。

具体的劳模评选条件则是根据当时的政治形势和经济社会的发展要求制定的。例如，陕甘宁边区时期的主要评选条件是“创造工作与生产各方面的最高标准”；新中国成立初期的主要评选条件是“采用比较先进的生产技术创造比较先进的定额”；“大跃进”时期在“反右倾、鼓干劲、厉行增产节约”的历史背景下，提出了“把革命热情和科学精神结合起来，把冲天干劲和技术革命结合起来，做到实干、苦干加巧干，既要又多又快，又要又好又省”；“文化大革命”后，在“为四化立新功”活动中，开始增加了在“两个文明”建设、维护安定团结等方面作出贡献的规定；改革开放后，在 1989 年全国劳模的评选条件中，强调要坚持四项基本原则、拥护改革开放总方针，在企业发展生产，深化改革，发展农业生产和农村经济，科研、教育、文化、卫生、体育等事业，发明创造、技术改造，增产节约、增收节支，提高经济效益和社会效益，环境保护和安全生产，保卫国家和人民利益，社会主义精神文明建设等方面作出重大贡献。

改革开放后，历届全国劳模的评选条件均在此基础上不断加以完善，体现了时代发展的要求和更为广泛的代表性。如1995年全国劳模评选条件增加了在人口控制、勤政廉政、对外开放等方面作出重大贡献的规定；2000年基本延续了1995年的做法；2005年根据经济社会发展的新形势、新情况，全国劳模的评选条件更加规范、更加科学，具有更为广泛的代表性和突出的时代特点；2010年全国劳模评选突出了推动经济发展方式转变、优化经济结构、提高自主创新能力等方面的条件；2015年全国劳模评选突出了主动适应经济发展新常态、提高经济发展质量和效益、推动经济转型升级、推动新型城镇化建设、实施创新驱动、强化风险防控、促进经济平稳健康发展等方面的条件；2020年全国劳模评选突出了坚持新发展理念、深化供给侧结构性改革、大力实施乡村振兴战略和区域协调发展战略、推动全面深化改革、坚定文化自信、全面建成小康社会、生态文明体制改革等方面的条件。在评选工作中，各地区、各部门和有关单位根据全国确定的评选条件，结合实际情况和需要，制定本地区、本部门和本单位的具体推荐评选条件。

全国五一劳动奖和全国工人先锋号的评选条件基本上与同时期的全国劳模评选条件一致。省、部级劳模的评选条件则由主办单位自行确定。

（三）推荐评选的程序

严格规范的推荐评选程序是保证劳模评选质量的重要环节。劳模是在群众性学赶先进活动中产生的，因此劳模的评选都要经过群众民主推荐，得到群众的公认。早在陕甘宁边区时期，劳模评选就提出要发扬民主，“领导与群众相结合，自我批评与发扬优点相结合”，“要实行一切经过群众，酝酿成熟”，“用无记名投票法，选举出来”。随着经济社会的发展，劳模的推荐评选程序也逐步得到规范和完善。全国劳模的推荐评选要坚持以下几个程序。

1. 民主推荐程序。

推荐的人选必须经职工（代表）大会或居民会议、村民会议讨论通过等民主程序，自下而上产生，得到群众公认。

2. “两审三公示”程序。

为了增强推荐评选工作的透明度，自2000年起，全国劳模评选实行公示制度。2005年后，全国劳模的评选执行“两审三公示”程序，即在推荐人选产生过程中，先在本单位进行公示，经过筹委会办公室对各地区、各系统推荐人选的基本情况和各类人员的比例预审后，在其所在地区、系统进行公示。公示无异议的，上报正式推荐审批材料，由筹委会办公室进行审核，审核后在全国范围内进行公示。这一制度较好地落实了人民群众的知情权、参与权和监督权，体现了公开、公平、公正的原则。

3. 特别审查程序。

为保证评选质量，对被推荐的机关事业单位工作人员和企业负责人等，要通过必要的审查程序。推荐单位负责对推荐对象征求公安等部门意见。其中，对机关事业单位工作人员、社区“两委”班子成员、村“两委”班子成员要按照管理权限征求组织人事、纪检监察等部门意见；对统战人士征求统战部门意见；对企业负责人、农业生产经营组织负责人征求发展改革、人力资源和社会保障、生态环境、应急管理、税务、市场监管等部门意见，对国有和国有控股企业负责人同时征求组织人事、纪检监察等部门意见，对非公有制企业负责人同时征求工商联意见；对农民工征求工作所在地及户籍所在地意见。驻地方的中央垂直管理单位（含中央企业）的推荐人选由筹委会办公室统一征求有关中央和国家机关意见。

全国五一劳动奖和全国工人先锋号的推荐对象均应自下而

上、优中选优、层层选拔产生，其推荐评选程序与全国劳模基本一致。

二、表彰奖励

党中央、国务院历来高度重视表彰奖励工作。党的十八大以来，习近平总书记多次对党和国家功勋荣誉表彰工作作出重要指示，强调要充分发挥党和国家功勋荣誉表彰的精神引领、典型示范作用，推动全社会形成见贤思齐、崇尚英雄、争做先锋的良好氛围。为此，党中央决定构建“1+1+3”的党和国家功勋荣誉表彰制度体系，即党中央制定1个指导性文件，全国人大常委会制定1部法律，有关方面分别制定党内、国家、军队3个功勋荣誉表彰条例。2015年12月，中共中央印发了《关于建立健全党和国家功勋荣誉表彰制度的意见》。2015年12月，十二届全国人大常委会第十八次会议表决通过了《国家勋章和国家荣誉称号法》。2016年4月，党中央决定成立党和国家功勋荣誉表彰工作委员会，负责统筹协调党和国家功勋荣誉表彰工作。2017年6月，中共中央批准实施《中国共产党党内功勋荣誉表彰条例》、《国家功勋荣誉表彰条例》、《军队功勋荣誉表彰条例》。

全国劳模由党中央、国务院表彰，为国家级表彰奖励。省级劳模由各省（区、市）党委和政府表彰。部级劳模一般由中央和国家机关各部委（门）表彰。全国五一劳动奖和全国工人先锋号是全国总工会设立的授予先进集体和先进职工的最高荣誉。

（一）全国劳动模范

自1950年至2020年，党中央、国务院先后召开了16次全国劳模表彰大会，累计表彰先进集体10667个、先进个人34008名，其中1979年以后先后7次零星表彰了23名全国劳模。

新中国成立以来，全国劳模表彰授予的称号除“全国劳动模范”和“全国先进工作者”外，还有1956年全国先进生产者代表会议，1959年全国工业、交通运输、基本建设、财贸方面社会主义建设先进集体和先进生产者代表大会（全国群英会），1977年全国工业学大庆会议，1978年全国财贸学大庆学大寨会议等所授予的“全国先进生产者”称号和1978年全国科学大会上授予的“全国先进科技工作者”称号。从1989年起，全国劳模表彰只设立“全国劳动模范”和“全国先进工作者”两个称号。

全国劳模由中共中央、国务院发布表彰决定，颁发奖章和证书，并给予一定数额的奖金。长期以来，劳动模范的奖励实行精神鼓励和物质奖励相结合，以精神鼓励为主的原则。1989年以后，实行精神鼓励与物质奖励并重，并逐渐加大了物质奖励的力度。1989年，全国劳模表彰对职工中的全国劳动模范和先进工作者奖励晋升两级工资，对农民中的全国劳动模范每人奖励1000元。1995年以来，全国劳模表彰则采取了一次性奖励的方式，每人奖金分别为1995年3000元，2000年5000元，2005年、2010年和2015年均为10000元，2020年提高至30000元。

（二）全国五一劳动奖

截至2022年底，全国总工会共表彰了全国五一劳动奖状集体10288个，全国五一劳动奖章获得者34740名，全国工人先锋号15426个。全国五一劳动奖和全国工人先锋号在每年“五一”国际劳动节前夕集中表彰时，全国总工会还会对在结合国家重大发展战略组织开展的全国示范性重大工程、促进区域发展等劳动和技能竞赛中，在国际国内有重大影响的事件中，以及在抢险救灾等危急情况下为维护国家、集体和人民群众生命财产安全作出突出贡献的先进集体和职工，给予单列表彰名额。

全国总工会对获奖的先进集体、先进个人颁发证书、奖牌或奖章，对个人给予一次性物质奖励（全国总工会已给予物质奖励的除外），2004 年奖励 3000 元，2011 年起增加至 5000 元，2021 年提高至 10000 元。全国五一劳动奖章获得者享受省（部）级劳模待遇。

三、组织领导

评选表彰全国劳模一般都要成立临时评选机构，负责领导评选表彰工作，工会承担具体工作。

1950 年，筹备召开全国工农兵劳动模范代表会议，由时任全国总工会副主席李立三担任筹委会第一副主任委员，全面主持工作，筹委会办公室设在全国总工会。第一次全国劳模表彰大会后，周恩来同志充分肯定了这种劳模表彰会议的组织形式，并在 1950 年 12 月 14 日的政务院总理令中明确将其作为“今后全国进行劳模运动的指针”。“文化大革命”前的历届全国劳模表彰大会都是按照这种组织形式进行的。自 1989 年起，一般每五年召开一次全国劳动模范和先进工作者表彰大会。每次全国劳模表彰大会都要设立临时筹备委员会，领导推荐、评选、表彰的各项工作。筹备委员会下设办公室，负责评选、表彰等具体工作。各地和有关系统一般也根据本地区、本系统的实际，成立相应的组织领导机构，承担推荐评选工作。例如，党中央、国务院成立了 2020 年全国劳动模范和先进工作者大会筹备委员会，请一位中央政治局常委任筹委会主任，分管中央办公厅、人社部、中央统战部、全国总工会的四位党和国家领导同志任筹委会副主任，党中央、国务院有关部门和有关方面负责同志任筹委会成员。筹委会下设办公室，负责推荐、评选、表彰等各项工作，办公室设在全国总工会，办公室主任由全国总工会党组书记、副主席、书记处第一书记担任。表彰全国劳动模范和先进工作者有关工作由全国总工会牵头负责。各省（区、市）劳模表彰大会一般每五年召开一次，由省（区、市）委、省（区、市）政府召开，工会和有关部门共同组织实施。

第四节　劳模的管理服务工作

党的十八大以来，习近平总书记多次礼赞劳动创造，讴歌劳模精神、劳动精神、工匠精神，勉励广大劳动者勤于创造、勇于奋斗。习近平总书记关于做好劳模工作的重要指示批示精神在各级工会机关和广大工会干部中引起强烈反响。各级工会组织把学习宣传贯彻习近平总书记讲话精神作为一项重大政治任务，迅速兴起学习宣传贯彻热潮，深刻理解其精神实质，深刻领悟其重大意义，统一思想、提高认识，振奋精神、凝聚力量，把重要讲话精神贯穿到工会工作特别是劳模管理服务工作的全过程。

做好劳模的管理服务工作，对更好地发挥劳模作用，激发广大职工群众学赶先进的热情和积极性，营造“尊重劳模、关心劳模、学习劳模、争当劳模”的良好社会氛围具有重要意义。

一、建立健全相关制度

工会是“劳模之家”。进一步加强劳模管理服务工作制度建设，是各级工会做好劳模工作的重要基础。

（一）管理制度

为确保劳模评选表彰、奖励待遇、荣誉称号撤销等有据可依、有章可循，必须建立健全相关的规章制度。全国总工会于2011年制定下发了《全国五一劳动奖状、全国五一劳动奖章、全国工人先锋号评选管理工作暂行办法》，对荣誉称号的授予、奖励和待遇、管理、荣誉称号的撤销等进行了规范。目前，各省（区、市）也通过立法等形式，对劳模管理工作进行了规范，有的出台了劳模管理办法或暂行规定，有的则以党委或政府文件形式对劳模工作的有关问题加以明确。

（二）关爱制度

长期以来，党和政府高度重视劳模工作，关心、关爱劳模生活，先后制定了关于安排劳模体检和疗休养、不得安排劳模下岗、给予劳模一次性奖励、解决劳模社会保障和生活困难、做好省部级以上劳模困难帮扶等文件。关心劳模生活，落实好各项劳模待遇政策，及时帮助劳模解决生产、生活中遇到的困难，是劳模工作的一项重要内容。

（三）联系制度

为疏通与劳模联系的渠道，应定期召开劳模座谈会，尊重并听取他们的意见和建议。建立定期走访、慰问制度，掌握劳模生活、身体和工作情况，及时为劳模提供有效服务。高度重视劳模来信、来访，认真做好接待工作，做到专人负责，热情接待，每信必回。密切关注、加强联系，对遇到特殊困难的劳模，及时缓解他们的思想、心理压力，积极协调有关方面给予帮助解决。

（四）教育培养制度

积极组织劳模进行政治思想、科学文化知识的学习和技术技能培训，不断提高劳模的政治思想觉悟、科学文化素质和技术技能水平，使劳模始终保持先进性，永做“时代领跑者”。积极选送有条件的劳模学习深造，加强劳模队伍建设，更好地发挥劳模的先锋模范作用。经教育部批准，从 1992 年起，中国工运学院（现为中国劳动关系学院）开办了成人高等学历教育劳模本科班，免试招收符合条件的全国劳动模范、全国先进工作者和全国五一劳动奖章获得者入学。1995 年，中央组织部专门下发了文件，“同意确认中国工运学院劳模本科班毕业生为干部身份。今后各有关单位对参加公务员公开考试合格的劳模本科班毕业生，应优先录用”。这一规定把劳动模范的培养和使用结合起来，为从优秀工人中培养和选拔干部创造了条件。

二、劳模的日常管理工作

劳模管理工作按照分级负责、属地管理的原则，由各级工会负责。各级工会设专门机构或指定专人具体负责劳模管理工作。

（一）劳模档案信息管理

为准确、及时、全面掌握劳模的基本情况，要对劳模的基本信息进行登记造册，建立劳模管理档案和健康档案，对重大情况要及时报告。对劳模工作变动、晋升、离退休、亡故、撤销荣誉称号等情况，及时进行变更，向有关方面交转，并逐级上报备案，保证劳模动态管理的连续性和准确性。目前，全国总工会搭建了全国统一的劳模管理信息平台，按照分类管理、重点突出、及时准确、全面掌握的原则，由各级工会对劳模信息进行实时更新、定期维护。各地也纷纷加强劳模档案管理信息化建设，为实现劳模动态化管理、精细化服务打好基础。

（二）劳模身份的认定和比照享受待遇的规定

劳模管理实际工作中，各级工会可能会遇到劳模身份认定的问题，即哪些人属于全国劳动模范、全国五一劳动奖章获得者、省部级劳模等。

1. 劳模身份的认定。

（1）全国劳动模范。截至 2022 年底，全国劳动模范主要是指以下 16 次大会表彰的先进个人：1950 年全国工农兵劳动模范代表会议，1956年全国先进生产者代表会议，1959年全国工业、交通运输、基本建设、财贸方面社会主义建设先进集体和先进生产者代表大会，1960年全国教育和文化、卫生、体育、新闻方面社会主义建设先进单位和先进工作者代表大会（全国文教群英会），1977年全国工业学大庆会议，1978年全国科学大会，1978年全国财贸学大庆学大寨会议，1979年国务院表彰工业交通、基本建设战线全国先进企业和全国劳动模范大会，1979年国务院表彰农业、财贸、教育、卫生、科研战线全国先进单位和全国劳动模范大会，1989年全国劳动模范和先进工作者表彰大会，1995年全国劳动模范和先进工作者表彰大会，2000年全国劳动模范和先进工作者表彰大会，2005年全国劳动模范和先进工作者表彰大会，2010年全国劳动模范和先进工作者表彰大会，2015年全国劳动模范和先进工作者表彰大会，2020年全国劳动模范和先进工作者表彰大会。此外，还有1983年至1990年先后7次零星表彰的23名全国劳动模范。出席上述大会的先进集体代表和特邀代表不能认定为全国劳动模范，也不享受相应待遇。

（2）省部级劳动模范。省级劳模由各省（区、市）党委和政府表彰决定，其身份的认定根据各地相关表彰文件确定。部（委）劳模身份的认定问题比较复杂。新中国成立后，部（委）劳模的评选表彰一直是由国务院有关部委和相关全国产业工会联合进行，并由工会负责管理。据统计，新中国成立以来至1995年，国务院20余个部委共计表彰部（委）劳模4万多人。人事部（现人力资源和社会保障部）于1994年8月下发了《关于加强国务院工作部门授予部级劳模称号工作管理的通知》，规定从1995年开始，各部委授予部级劳动模范和先进工作者称号须经人事部批准。鉴于上述情况，部（委）劳模身份的认定，原则上1995年以前表彰的部（委）劳模身份由原相关全国产业工会认定，1995 年以后表彰的部（委）劳模身份由人事部认定。

2. 比照享受劳模待遇的规定。

2018 年以前，党中央、国务院表彰了一些在重大事件或重点工作中作出突出贡献的集体和个人，并在表彰文件或通知中写明获得荣誉称号的个人享受全国劳模待遇，其中包括 2006 年、2011 年和 2016 年表彰的全国优秀共产党员和全国优秀党务工作者，2008 年的“北京奥运会残奥会先进个人”，2008 年和 2010 年的“全国抗震救灾模范”，2010 年的“上海世博会先进个人”，2011 年的“全国粮食生产先进工作者”、“全国粮食生产突出贡献农业科技人员”、“全国种粮售粮大户”。

1982 年，中央办公厅出台《关于公安干警政治、生活待遇问题的通知》规定，“公安部授予全国公安战线一级、二级英雄模范荣誉称号的公安干警，应享受全国劳动模范的待遇”。

2001 年，中共中央、国务院、中央军委出台《军队转业干部安置暂行办法》规定，“军队转业干部在服役期间被中央军事委员会授予荣誉称号的，比照全国劳动模范（先进工作者）享受相应待遇；被大军区级单位授予荣誉称号或者荣立一等功，以及被评为全国模范军队转业干部的，比照省部级劳动模范（先进工作者）享受相应待遇”，“中国人民武装警察部队转业干部的安置工作，按照本办法执行”。具体确认工作由中央军委政治工作部负责。

3. 表彰奖励获得者待遇。

2018 年，中央办公厅、国务院办公厅制定出台《功勋荣誉表彰奖励获得者待遇规定（试行）》、《生活困难表彰奖励获得者帮扶办法（试行）》。《功勋荣誉表彰奖励获得者待遇规定（试行）》第三条明确党和国家功勋荣誉表彰工作委员会负责功勋荣誉表彰奖励获得者待遇工作的政策制定、综合管理、统筹协调等，中央组织部、人力资源社会保障部、中央军委政治工作部、全国总工会等有关单位，按照职责分工具体负责功勋荣誉表彰奖励获得者待遇工作的组织实施、监督检查等；第十四条明确落实功勋荣誉表彰奖励获得者待遇所需经费列入同级政府预算，中央财政负责勋章、荣誉称号、国家级表彰奖励获得者待遇、部级表彰奖励的奖金所需经费，省级财政负责本地区省级表彰奖励获得者待遇和部级表彰奖励获得者除奖金外待遇所需经费；第十五条明确退役军人在服役期受中央军委表彰的，按规定享受国家级表彰奖励获得者待遇，立一等功的，中央军委授权大单位、中央军委机关部门授予荣誉称号的，享受省部级表彰奖励获得者待遇；第十九条明确各地区各部门应当根据实际制定实施细则。自此，全国劳动模范和先进工作者、全国优秀共产党员和优秀党务工作者、全国民族团结进步模范个人等待遇统一规范为国家级表彰奖励获得者待遇，其中全国劳动模范和先进工作者（包括有关文件明确享受全国劳模待遇的获得者）按照职责分工由全国总工会具体负责落实待遇。其他国家级表彰奖励获得者由相关部委按职责分工落实待遇。全国五一劳动奖章获得者和省部级劳动模范和先进工作者享受省部级表彰奖励获得者待遇。

（三）荣誉的撤销

对于犯一般性错误和表现一般的劳模，应重在教育，帮助他们不断提高政治思想觉悟、政策理论水平和技术业务素质，使他们继续保持和发扬劳模的优良传统和作风。根据中央制定的有关荣誉撤销办法，具有以下情形的应撤销所获荣誉：为获取荣誉故意隐瞒真实情况、弄虚作假的；因犯罪被依法判处刑罚，或有其他严重违纪、违法等行为，影响恶劣，继续享有功勋荣誉及表彰奖励将会严重损害荣誉声誉的；法律、法规规定撤销所获荣誉的其他情形。《全国五一劳动奖状、全国五一劳动奖章、全国工人先锋号评选管理工作暂行办法》对于撤销条件有明确表述，有下列情形之一者，撤销全国五一劳动奖章荣誉称号，收回证书、奖章，终止其享受的相关待遇：(1) 弄虚作假，骗取荣誉的；(2) 受到刑事处分的；(3) 受到开除处分的；(4) 受到开除党籍或留党察看处分的；(5) 道德品质败坏、腐化堕落或有其他严重违法乱纪行为，造成恶劣影响的；(6) 非法离境的；(7) 其他不宜保留荣誉称号的。

关于撤销荣誉的程序，一般依照评选审批程序，由原申报单位逐级上报，并经授予其荣誉的机关审查批准。撤销全国劳模荣誉的，应由该全国劳模所在省（区、市）党委、人民政府写出书面报告，报党中央、国务院，经国家表彰奖励有关部门征求全国总工会意见、审查批准后，通知该省（区、市）党委、人民政府，同时抄送全国总工会，撤销其荣誉，收回证书、奖章，停止其享受的相关待遇。撤销全国五一劳动奖章获得者荣誉的，由其所在省（区、市）总工会写出书面报告，报全国总工会；经全国总工会审查批准后，通知该省（区、市）总工会，撤销其荣誉，收回证书、奖章，停止其享受的相关待遇。

三、发挥劳模的示范引领作用

劳动模范在人民群众中具有特殊的示范力、影响力和凝聚力。劳模的价值，不仅仅是他们曾为国家和社会创造了物质财富、作出了贡献，更重要的是他们在不同的历史时期，用自己的聪明才智和辛勤劳动展示了时代精神，树立了永远的丰碑，影响和带动了一代甚至几代人，推动了社会进步。要采取有效措施，努力创造条件，充分发挥劳动模范的骨干带头作用和示范导向作用。

(一) 为劳模发挥作用搭建平台

要努力为劳模干事创业、发挥作用创造有利条件。鼓励和支持劳模搞好“传帮带”，向职工传授技术、业务知识，在提高职工技术技能水平、加强职工队伍建设中发挥积极作用。支持劳模开展企业间技术交流活动，推广先进技术和创新经验，组织劳模开展技术协作、技术咨询、技术扶贫、技术服务等活动，为发挥劳模的专长创造条件。鼓励劳模参加社会公益活动，发挥他们的管理技术专长和资金优势，组织劳模开展劳模志愿服务，深入企业、农村、学校开展技术指导、技术支持、技术传授等活动，在劳模间开展互帮互助活动，帮助劳模结对子，为推动经济发展、促进社会和谐作出新贡献。同时，以劳模协会为载体，加强劳模之间的学习、交流、协作和联系，集中劳模人才资源优势，扩大劳模社会影响，更好地发挥劳模作用。

（二）创建劳模和工匠人才创新工作室

劳模和工匠人才创新工作室是由具有较强技术能力、业务能力、创新能力和管理能力的劳模、工匠人才领衔，以技术创新、管理创新、服务创新和制度创新为主要内容，以解决工作现场难题、推动所在单位创新发展为目标的群众性创新活动团体。为深入贯彻习近平总书记关于劳模和工匠工作重要指示批示精神，落实《新时期产业工人队伍建设改革方案》的有关要求，激励广大劳模和工匠人才发挥示范带头作用，引领职工群众积极投身大众创业、万众创新，全国总工会于 2017 年 7 月制定出台了《关于进一步深化劳模和工匠人才创新工作室创建工作的意见》和《全国示范性劳模和工匠人才创新工作室命名管理工作暂行办法》，对深化创建工作提出具体要求，进一步规范全国示范性创新工作室的运作。

全国示范性创新工作室命名工作自下而上进行，由所在单位工会根据申报条件层层申报。推荐申报对象必须工作有计划、活动有开展、创新有成果，同时还应具备《全国示范性劳模和工匠人才创新工作室命名管理工作暂行办法》所规定的条件。

全国总工会职能部门对申报材料进行审核后，经专家评审、书记处审定、全国公示等程序，择优命名并颁发牌匾。

（三）发挥劳模参政议政作用

中国共产党在领导伟大事业和推动重要工作的过程中，历来高度重视工人阶级和劳动模范的重要地位和作用。历史上，有一大批产业工人和劳动模范进入各级党委、人大、政府、政协和工会的领导机构，在参与管理国家和社会事务中发挥了十分积极的作用。

党的十八大以来，劳动模范的政治地位得到进一步提高，参政议政渠道更加顺畅，各级党代表、人大代表和政协委员中的劳模比例不断增加。据统计，在2296名党的二十大代表中，全国劳模和全国五一劳动奖章获得者共271名，占11.8%。在2287名党的十九大代表中，省部级以上劳模有405名，占17.7%。在2987名十二届全国人大代表中，省部级以上劳模有593名，占19.9%，他们当中来自一线的工人、农民代表有102名。在2237名十二届全国政协委员中，省部级以上劳模有113名，占5.1%。各级党代表、人大代表和政协委员中劳模比例的不断增加，为劳模参政议政和参与重大社会活动，充分发挥他们在国家和社会事务管理、基层民主管理中的重要作用创造了条件。

近年来，许振超、郭明义、巨晓林、高凤林等来自生产和工作一线的劳动模范先后担任全国总工会兼职副主席，一些劳模在部分省（区、市）总工会、全国产业工会担任兼职副主席，这对于保持和增强工会工作和工会组织的政治性、先进性、群众性，加强工会干部队伍建设具有十分重要的意义。为贯彻落实《中共中央关于加强和改进党的群团工作的意见》，做好工会改革试点工作，全国总工会制定下发了《关于做好从劳动模范中选拔工会专兼职干部的指导意见》，为劳动模范和先进工作者、五一劳动奖章获得者充分发挥榜样、示范、引领作用作出重要的制度性安排。全国总工会还制定了《关于充分发挥全国总工会劳模兼职副主席作用的暂行办法》，为充分发挥他们联系职工、反映意见、参与决策的作用打下了良好基础。此外，全国总工会还下发了《关于全国总工会机关从劳模和一线优秀工会工作者中考录遴选机关干部工作的意见》，为把劳模吸收进入各级工会领导机关提供了制度依据。

四、弘扬劳模精神、劳动精神、工匠精神

习近平总书记在全国劳动模范和先进工作者表彰大会上强调，劳模精神、劳动精神、工匠精神是以爱国主义为核心的民族精神和以改革创新为核心的时代精神的生动体现，是鼓舞全党全国各族人民风雨无阻、勇敢前进的强大精神动力。劳动是一切幸福的源泉。新形势下，我国工人阶级和广大劳动群众要继续学先进赶先进，自觉践行社会主义核心价值观，用劳动模范和先进工作者的崇高精神和高尚品格鞭策自己，焕发劳动热情，厚植工匠文化，恪守职业道德，将辛勤劳动、诚实劳动、创造性劳动作为自觉行为。为此，各级工会组织积极探索、主动作为，在广泛宣传劳模先进事迹，推动形成尊重劳模、爱护劳模、关心劳模、争当劳模的良好社会氛围方面，做了大量富有成效的工作。

（一）加大劳模精神宣传力度

劳模精神是我们国家和民族的宝贵精神财富，也是鼓舞和引导广大职工群众积极投身全面建设社会主义现代化国家、全面推进中华民族伟大复兴的精神动力。改革开放以来，工会重点宣传了一大批各个时期具有突出代表性的先进典型，先后组织劳模先进事迹报告团和重点工程建设报告团，分赴各地和高等院校作巡回报告，在社会上产生了良好反响。各级工会通过

创新宣传理念和宣传方式，充分发挥工会宣传阵地、报刊、出版和互联网等媒体的作用，搭建职工群众喜闻乐见的宣传平台，通过征文、演讲、建立荣誉室、举办事迹展、开设网上展馆、举办大讲堂等多种形式，运用微博、微信、移动客户端等新媒体，全方位、多层次、多角度地宣传工人阶级伟大品格和劳模精神。特别是在“五一”、国庆等重大节日期间，通过联合中央电视台举办庆祝“五一”国际劳动节“中国梦·劳动美”特别节目、推出系列纪录片等方式，形成强大声势，掀起宣传热潮。

（二）营造良好社会氛围

为选树立得住、叫得响的先进典型，使广大职工群众近学有榜样、远学有目标，各级工会重点选树和宣传长期工作在生产一线、在平凡岗位上作出突出贡献、体现工人阶级先进性的普通劳动者。用劳模的先进事迹、崇高思想和优秀品质教育职工、鼓舞职工、激励职工，以自己的勤奋劳动、诚实劳动和创新劳动创造美好生活。充分发挥劳模的示范和导向作用，大力弘扬劳模精神、劳动精神、工匠精神，让劳动光荣、创造伟大成为铿锵的时代强音，使劳动最光荣、劳动最崇高、劳动最伟大、劳动最美丽蔚然成风，为实现中华民族伟大复兴的中国梦营造良好社会氛围。

（三）叫响做实“大国工匠”品牌

党的二十大首次将大国工匠列为国家战略人才力量，明确要求努力培养造就更多大国工匠，这是推进新型工业化，加快建设制造强国、质量强国、航天强国、交通强国、网络强国、数字中国的重大战略要求。习近平总书记在致首届大国工匠创新交流大会的贺信中指出，技术工人队伍是支撑中国制造、中国创造的重要力量。中共中央、国务院印发的《新时期产业工人队伍建设改革方案》明确要求叫响做实“大国工匠”品牌。

长期以来，全国总工会持续宣传好劳动模范、大国工匠、能工巧匠以及各行各业高技能人才和一线劳动者，打造多个具有较大影响力的宣传品牌。2015 年“五一”国际劳动节开始，与中央广播电视总台联合推出九季《大国工匠》新闻报道，在《新闻联播》等重要平台宣传 66 位大国工匠，联合举办三届“大国工匠年度人物”发布活动，重磅推出 30 位大国工匠；自 2016 年起，每年与中央网信办联合开展“中国梦 · 大国工匠篇”主题宣传活动，宣传各地各行业工匠人才 230 余位；在中央宣传部、国务院新闻办、全国总工会多次召开劳动模范、大国工匠、产业工人等主题见面会，为一线劳动者分享成长成才经历提供平台；每年“五一”国际劳动节协调中央主要媒体在《劳动者之歌》栏目深入宣传劳动者典型，联合新华社开设“劳动创造幸福”专栏全年宣传普通劳动者，指导《工人日报》、《中国工人》、中工网等工会媒体长期办好“身边的大国工匠”、“劳模人物”、“大国工匠”、“中国工人蓝沙发”、“绝技绝活”等专栏专题；创新宣传载体和形式，加强融媒体报道力度，增强劳模工匠宣传对广大职工特别是青年职工的吸引力、感染力，2022 年“五一”国际劳动节期间，联合中央媒体推出《人世间》剧组致敬劳动者创意短视频、“最美职工”条漫等全网爆款产品；依托“身边的大国工匠”推荐学习活动，带动各级工会打造各具特色的工匠人物选树宣传品牌；2022 年 9 月 2 日，全国总工会联合湖南省委、省政府在湖南长沙举办了首届大国工匠论坛，邀请 56 名大国工匠，有关领导、专家学者齐聚论坛，聚焦大国工匠培养深入探讨、建言献策，研究制定了大国工匠激励保障措施，汇编出版了《首届大国工匠论坛优秀论文集》，发布了《大国工匠风采录》、《巾帼劳模时代特征和成长规律研究报告》，录制了 12 期《匠心闪耀》栏目，设置湖湘劳模工匠创新成果展，取得热烈反响。

五、关心关爱劳模

关心劳模生活，落实好各项劳模待遇政策，及时帮助劳模解决生产、生活中遇到的困难，是劳模工作的一项重要内容。这一工作的好坏，不仅关系到劳模作用的发挥，也直接影响广大职工学赶先进的积极性。

（一）组织劳模疗休养

劳模休养是党和政府及工会组织对劳模的关心和关怀，是一项重要的制度性工作，为劳模提供了短期休息疗养、互相学习交流工作经验、提高思想觉悟素质的难得机会。截至2022年底，全国总工会已组织了超过6万人次的全国劳模、全国五一劳动奖章获得者和部分省部级劳模参加休养。2000—2005年，每年组织100—200名劳模到全国总工会北戴河疗养院和全国总工会青岛疗养院休养。2004年以来，全国总工会先后在职工疗养院所等单位中确立了40家作为全国劳模休养基地。从2006年起，每年分期分批组织劳模到各地休养，劳模休养人数增加到2000人。2007—2011年，休养规模扩大到3000人。2012年劳模休养人数增至4000人，2013年又扩大到5000人，2014年、2015年劳模休养人数分别为8000人和9000人，2016年以后劳模休养人数确定为5000人。近年来，在全国总工会的带动下，各级工会也普遍开展了劳模休养工作。

为确保劳模休养工作能够持续顺利开展，全国总工会印发了《关于进一步加强和规范劳模休养工作的意见》，明确要求坚持面向基层、面向一线、面向普通劳动者开展劳模疗休养，重点安排劳动强度大、工作环境艰苦、发挥骨干作用的劳模；休养地点原则上为工会系统的疗养院所，以全国劳模休养基地或省级劳模休养基地为主；疗休养以促进劳模身心健康为主要目标，鼓励引导劳模相互交流、学习提高，适当安排参观考察。

做好劳模休养工作，注重制订劳模休养工作方案，对劳模休养期间的食宿、交通、参观考察等作出统筹安排，强化责任意识，切实保证劳模休养工作安全、优质、高效进行，严格经费审查，按照中央八项规定精神和厉行节约的有关要求，既让劳模生活上舒心满意又勤俭节约，避免铺张浪费。

（二）组织劳模健康体检

一直以来，工会组织高度重视劳模的身体健康。组织健康体检可以使劳模的健康问题早发现、早预防、早诊断、早治疗，防患于未然，同时提高他们的保健意识。根据有关要求，省部（委）级以上劳模要每年安排一次健康体检并形成制度。自2009年起，全国总工会利用全国劳模专项补助资金，每年为所有健在的、没有参加过单位组织体检的全国劳模免费进行一次健康体检，体检标准为600—1000元，2020年体检标准提高至1500元。按照属地原则，体检工作由劳模所在省（区、市）总工会负责组织实施。各省（区、市）总工会与政府财政、卫生部门密切协作，共同制定具体措施。同时，各地工会要积极与当地卫生部门协商，为劳模提供便捷的医疗保健服务。

（三）切实解决劳模的生活困难

目前，由于种种原因，部分劳模特别是退休老劳模和无固定收入的农民劳模的生活还面临着暂时性困难。为推动全国劳模困难问题的解决，全国总工会会同有关部门积极采取措施，制定相应政策。2002年，全国总工会对全国劳模的生活状况进行了深入调研，在掌握劳模生活困难基本情况的基础上，向中央提出了解决全国劳模生活困难的建议。中央财政自2003年起设立了全国劳模专项补助资金，用于劳模的生活困难补助、特殊困难帮扶和春节慰问。从2020年起，补助资金的使用范围调整为劳模生活困难补助、特殊困难帮扶、春节慰问、重要节日和纪念日走访慰问、疗休养补助、健康体检补助和荣誉津贴。截至2021年底，累计发放补助资金约35.7亿元，其中2003—2006年每年6000万元，2007年8000万元，2008—2010年每年1.2亿元，2011年以后每年约2.7亿元，2021年约2亿元。补助资金的发放，使全国劳模收入的总体水平有了很大提高，有效缓解了劳模的生活困难，在社会上产生了良好的反响。目前，各地也陆续出台了一些提高劳模待遇的政策。全国大部分省（区、市）设立了劳模荣誉津贴，使省部级以上劳模离退休后每月可领到荣誉津贴；有些省（区、市）为劳模办理了5000—10000元的补充养老保险；有些省（区、市）设立了专项劳模帮困资金，用于解决省部级以上劳模的生活困难；有些省（区、市）定期安排省部级以上劳模体检和疗休养，出台优先报销劳模医疗费用、实行医疗补助和住房优惠等政策。

2010年，在联合调研的基础上，人社部、公安部、民政部、财政部、住房城乡建设部、卫生部、全国总工会联合下发了《关于进一步解决劳动模范社会保障和生活困难等问题的通知》，就进一步解决劳模生活困难问题作出了明确规定；2015年，国务院办公厅下发《关于做好省部级以上劳模困难帮扶工作的通知》，明确要求“中央财政要利用现有资金渠道，继续做好全国劳模帮扶工作”。这些政策措施有力地促进了劳模生活困难问题的解决，充分体现了党和政府对劳模的深切关怀。

思考题：

1. 新形势下如何加强和改进劳模评选工作？
2. 如何大力弘扬劳模精神、劳动精神、工匠精神？
3. 如何充分发挥劳模的示范引领作用？

第六章　工会劳动保护工作

工会劳动保护组织是指负责工会劳动保护工作的职能机构和工会劳动保护监督检查组织网络的统称。工会劳动保护工作政策性、专业性强，既要履行法律法规赋予的监督职责，又要积极协助、配合有关部门做好工作，所以建立健全工会劳动保护组织体系，对于做好工会劳动保护工作尤为重要。

第一节　工会劳动保护职责和组织机构

各级总工会设立劳动保护部门，配备相应的劳动保护干部，是保证工会劳动保护监督检查职责落到实处的重要前提。

一、工会劳动保护职能机构及其主要职责

工会劳动保护职能机构由国家、地方（产业）和企（事）业三级组成。国家一级，在全国总工会设劳动保护机构，负责全国工会系统的劳动保护工作；地方（产业）一级，在省、市总工会（产业工会）设相应的劳动保护机构（专人），县总工会设专人，负责劳动保护工作，负责本行政区域（产业）的劳动保护工作；企（事）业一级，大型企业工会通常设劳动保护机构，中小型企业工会设专人，负责劳动保护工作。

各级工会劳动保护职能部门依法履行下列职责：（1）参与劳动安全卫生法律法规、标准和重大决策、措施的制定，监督劳动安全卫生法律法规和政策的贯彻落实。（2）监督检查本地

区（产业）、行业和企事业的劳动安全卫生工作，对劳动安全卫生现状进行分析和研究，对危害职工劳动安全健康的问题进行调查，向政府有关部门、企业单位反映需要解决的问题，提出整改的意见和建议。(3) 制止违章指挥和违章作业。在监督检查中，发现存在事故隐患、职业病危害和违反国家劳动安全卫生法律法规的问题，要求企事业进行整改，监督企事业采取防范事故和职业病危害的措施；发现重大事故隐患或严重的职业病危害，向企事业或当地有关部门发出书面整改建议，并督促解决；对拒不整改的，提请政府有关部门采取强制性措施。(4) 对发现重大事故隐患和严重的职业病危害危及职工生命安全的紧急情况，向企事业行政或现场指挥人员要求采取紧急避险措施，包括立即从危险区内撤出作业人员，支持或组织职工采取必要的避险措施并立即报告。(5) 依法参加职工伤亡事故和职业危害事件的调查处理，监督企事业单位采取防范措施，对造成伤亡事故和经济损失的责任者，提出处理意见和建议。(6) 参加新建、扩建和技术改造工程项目的劳动安全卫生设施的设计审查和竣工验收，对劳动条件和安全卫生设施存在的问题提出意见和建议。(7) 监督和协助企事业单位严格执行国家劳动安全卫生规程技术标准，建立健全劳动安全卫生制度；监督检查劳动安全卫生设施的运转情况；监督检查劳动安全卫生技术措施计划的执行及经费投入、使用情况。(8) 参与集体合同有关劳动保护条款的平等协商与签订工作，并对合同相关条款的执行情况进行监督检查。(9) 宣传国家劳动安全卫生法律法规、政策及企业的各项规章制度。组织职工开展形式多样的安全生产活动，教育职工遵章守纪，帮助职工提高维权意识和安全生产技术技能。(10) 督促企事业单位按照国家有关规定发放劳动安全卫生防护用品、用具，监督企事业单位定期对职工进行职业性健康检查。监督企事业单位履行对职业病患者的诊断、治疗和康复的责任，督促落实工伤待遇及相关赔偿。督促和协助落实有关女职工和未成年工保护的有关规定。

二、工会劳动保护监督检查员

工会劳动保护监督检查员是各级工会组织开展劳动保护监督检查的骨干力量，在工会劳动保护工作中发挥着重要作用。

（一）工会劳动保护监督检查员设立范围和任职条件

《工会劳动保护监督检查员工作条例》第三条规定："在县（含）以上总工会、产业工会中设立工会劳动保护监督检查员。可聘请有关方面熟悉劳动保护业务的人员担任兼职工会劳动保护监督检查员。"考虑到加强乡镇（街道）工会组织发展建设和作用发挥，《工会劳动保护监督检查员管理办法》中，增加了在乡镇（街道）工会、县（区）所属产业（系统）工会设立工会劳动保护监督检查员。监督检查员在所属总工会和产业工会的领导下开展监督检查工作，代表工会组织执行监督检查任务。为弥补工会劳动保护干部在专业知识方面的不足，可聘请在某一专业领域有较深造诣的专家、工程技术人员、高等院校的劳动安全卫生专业教授等作为兼职工会劳动保护监督检查员。

工会劳动保护监督检查员应具有大专以上文化程度，有较高的政策、业务水平，熟悉和掌握有关劳动安全卫生法律法规和劳动保护业务，具有一定的生产实践经验，并从事工会劳动保护工作一年以上；科级以上、从事五年以上劳动保护工作的工会干部也可以担任工会劳动保护监督检查员。监督检查员应懂政策、懂理论、懂技术，既有调查研究能力，又有综合分析问题、解决问题能力。同时，还要熟悉国家劳动安全卫生法律法规和标准，具有工业生产的专门业务知识和生产实践经验以及群众工作的能力。

（二）工会劳动保护监督检查员的审批、任命和备案

全国总工会、省（区、市）总工会、全国产业工会、省辖市总工会、县（区）总工会对工会劳动保护监督检查员有审批任命权。工会劳动保护监督检查员实行四级任命制度，即省（区、市）总工会、全国产业工会和全国总工会有关部门的工会劳动保护监督检查员由全国总工会审批任命；省辖市总工会、省产业工会的工会劳动保护监督检查员由省（区、市）总工会、全国产业工会审批任命，报全国总工会备案；县级总工会的工会劳动保护监督检查员由省辖市总工会审批任命，报省（区、市）总工会备案；乡镇（街道）工会、县（区）所属产业（系统）工会的工会劳动保护监督检查员，由县（区）总工会审批任命，报地（市）总工会备案。

工会劳动保护监督检查员任命前必须经过劳动保护岗位培训并考核合格。岗位培训由任命单位负责组织，受训人员经考核合格由培训单位颁发岗位培训合格证书。负责劳动保护工作的工会主席或副主席也应按程序任命为工会劳动保护监督检查员。符合任命条件的人员由其所属工会组织向上级工会组织申报，经审查同意后任命，并颁发工会劳动保护监督检查员证件。工会劳动保护监督检查员证件由全国总工会统一印制。

（三）工会劳动保护监督检查员与工会组织的关系

工会劳动保护监督检查员在其所属工会组织领导下工作，代表工会组织依法实施劳动保护监督检查；也可受任命机关委托，代表任命机关执行监督检查任务。各级工会组织任命的工会劳动保护监督检查员或是聘请的兼职工会劳动保护监督检查员，执行监督检查任务都是代表任命机关进行工作，是在其所属工会组织领导下实施劳动保护监督检查工作的。任命单位指派熟悉有关业务的工会劳动保护监督检查员代表工会组织参加

安全评价、安全检查、“三同时”审查验收和重特大事故的调查处理工作，其所属工会组织应予以支持。监督检查员在工作中，一方面要密切联系职工群众，听取他们的反映，及时向领导汇报和沟通，避免工作上的失误；另一方面，在参与立法、调查处理伤亡事故和职业病危害、参与“三同时”审查验收、监督企业整改事故隐患等工作中提出的意见和建议，都是代表工会组织的，而非个人行为。

工会劳动保护监督检查员所属工会组织应为其开展工作提供交通、通信等工作条件和必要的工作经费。各地应根据本地的实际情况，制定劳动保护工作经费、工作条件和工作补贴的标准，保障工会劳动保护监督检查工作的顺利开展。

（四）工会劳动保护监督检查员的职责

1. 立法和决策参与。

工会劳动保护监督检查员代表工会组织参与劳动安全卫生法律法规、标准和重大决策、措施的制定，监督劳动安全卫生法律法规和政策的贯彻执行。在参与国家和地方法律法规的制定或修订时，要重视劳动者的权利与义务是否得到充分的体现。对于涉及职工安全健康等切身利益的条款，要注意从职工的实际情况和经济发展水平出发，依照国家的有关法律法规来确定。通过全国、地方各级人大、政协提交提案议案，实施决策参与，也可通过安委会和与政府召开联席会议，解决职工普遍关心的劳动保护问题。

2. 调查研究。

工会劳动保护监督检查员代表工会组织监督检查本地区（产业）、行业和企事业的劳动安全卫生工作，对劳动安全卫生状况定期进行分析，对危害职工劳动安全与健康的问题进行调查，及时向政府及有关部门、企事业单位反映需要解决的问题，并根据调查掌握的情况，进行科学的分析、归纳，提出决策建议和可行的解决问题的办法，督促和协助政府有关部门和企业及时解决和处理。

3. 监督隐患整改。

工会劳动保护监督检查员在监督检查时，发现存在事故隐患、职业病危害和违反国家劳动安全卫生法律法规的问题，有权要求企事业单位进行整改，并监督企事业单位采取防范事故和职业病危害的措施；发现存在严重事故隐患或职业病危害的，可提请所属工会组织向企事业单位发出书面整改建议，并督促企事业单位解决；对拒不整改的，可提请政府有关部门采取强制性措施。

4. 紧急避险。

工会劳动保护监督检查员发现在生产过程中存在明显重大事故隐患和严重职业病危害，并危及职工生命安全的紧急情况时，有权向企事业行政或现场指挥人员要求采取紧急措施，包括立即从危险区内撤出作业人员。同时应支持或组织职工采取必要的避险措施并立即报告。

5. 参加事故和职业危害事件调查处理。

工会劳动保护监督检查员依法参加职工伤亡事故和职业危害事件的调查处理，监督企事业单位采取防范措施，对造成伤亡事故和经济损失的责任者，提出处理意见；对触犯刑律的责任者，建议追究其法律责任。工会劳动保护监督检查员在代表工会组织参加伤亡事故调查和职业危害事件处理时，要敢于坚持原则，实事求是，维护职工的合法权益。

6. 参加“三同时”审查验收。

工会劳动保护监督检查员代表工会组织参加新建、扩建和技术改造工程项目劳动安全卫生设施的设计审查和竣工验收，对劳动条件和安全卫生设施存在的问题提出意见和建议。在参加“三同时”审查验收时，要坚持以国家和地方有关劳动安全卫生法律、法规为准绳，以国家和地方有关职业卫生和安全技术标准、规定、规范、规则为依据，树立全局观点，从实际出发，以我国国情和现有技术水平或条件为基点，既坚持按现有技术标准严格要求，又坚持实事求是的原则。

7. 监督并协助企业做好劳动安全卫生工作。

工会劳动保护监督检查员代表工会组织监督和协助企事业单位严格执行国家劳动安全卫生规程和标准，建立健全劳动安全卫生制度；监督检查劳动安全卫生设施；监督检查技术措施计划的执行及经费投入、使用的情况；监督检查企事业单位的安全生产状况。

8. 支持和指导基层劳动保护工作。

工会劳动保护监督检查员应支持基层工会劳动保护监督检查委员会和工会小组劳动保护检查员开展工作，并在劳动保护业务上给予指导。依据工会劳动保护一个时期的重点工作要求，指导基层企业开展劳动保护监督检查。对基层工会劳动保护监督检查委员会和工会小组劳动保护检查员反映的问题和要求及时给予答复，并帮助解决，同时要将基层工会工作向领导反映。

（五）工会劳动保护监督检查员的管理、考核与奖惩

工会劳动保护监督检查员的日常管理主要由其所属工会组织负责，工会组织对工会劳动保护监督检查员有业务指导的责任。工会劳动保护监督检查员应定期接受培训，全国总工会、省（区、市）总工会制订定期培训计划，以提高监督检查员的政策理论水平和工作能力，掌握现代科技知识和安全管理方法。任命机关应每年对工会劳动保护监督检查员的工作进行考核，并将考核结果向上级工会组织报告。对于工作做出优异成绩的工会劳动保护监督检查员，经推荐、评审后，由任命机关授予优秀工会劳动保护监督检查员称号；对于长期不履行监督检查职责、工作严重失职的，任命机关应撤销其工会劳动保护监督检查员资格。

三、工会劳动保护监督检查委员会

基层工会是工会工作的基础，在基层企业、车间中设立的工会劳动保护监督检查委员会，是基层工会落实安全生产群众监督检查责任的工作机构，是工会劳动保护群众监督检查网络的重要环节。

（一）工会劳动保护监督检查委员会建立范围和建立程序

《基层工会劳动保护监督检查委员会工作条例》第二条规定："企事业工会及所属分厂、车间工会设立工会劳动保护监督检查委员会（或工会劳动保护监督检查小组，下同）。乡镇工会、城市街道工会及基层工会联合会也可设立工会劳动保护监督检查委员会。"一般来说，企事业、车间职工人数 50 人以下的，可建立工会劳动保护监督检查小组。企业、车间成立工会委员会，即应成立工会劳动保护监督检查委员会。工会劳动保护监督检查委员会委员由同级工会提名，报上级工会备案。提名要通过工会小组的讨论、酝酿，并采用职工（代表）大会讨论通过或基层工会委员会决议的形式，决定委员会委员的组成。委员会一经建立，必须将委员会建立的时间、委员会委员、任期等决定报所属上级工会备案。

（二）委员资格确定、委员会组成和委员任期

工会劳动保护监督检查委员会委员可从工会劳动保护干部及热心于劳动保护工作的企业、车间一线工人、工程技术人员、医务人员、行政职能部门的干部中推选，但行政管理人员不得超过委员会总人数的三分之一。工会劳动保护监督检查委员会的委员数量应根据企业、车间职工人数的多少来确定。一般由 5—15 人组成。主任委员 1 人，由工会主席或副主席担任；副主任委员 1—2 人，由行政干部和工会副主席或劳动保护干部担任；委员若干人；女职工相对集中的单位，应设立女职工委员。

人数少的企业、车间可组成 3 人工会劳动保护监督检查小组。原则上，工会委员会换届后，应对工会劳动保护监督检查委员会委员进行调整、更换。为有利于工作的开展，每年也可根据实际情况进行委员的调整和补充。委员会委员一旦缺员，应及时进行补充。如果企业、车间工会委员会发生合并、撤销等变化，工会劳动保护监督检查委员会也应及时进行相应撤销或重新建立。

（三）工会劳动保护监督检查委员会与工会组织的关系

工会劳动保护监督检查委员会由企业、车间中各方面的人员组成，是一个专门的工作机构。工会劳动保护监督检查委员会在同级工会领导下开展工作。根据需要，工会劳动保护监督检查委员会的工作可与职工（代表）大会的专门委员会的工作相结合，作为职代会劳动保护工作的日常专门工作机构，研究企业、车间的劳动保护问题，向企业行政方面提出工会的意见和建议。委员会应定期向工会组织或职工（代表）大会报告工作，并建立有效的工作制度。例如，委员会的定期会议制度、监督检查制度、职工代表巡查制度、委员会与行政方面定期协商制度等。

（四）工会劳动保护监督检查委员会的职责

1. 监督和协助。

监督和协助本单位行政贯彻落实国家劳动安全卫生法律法规，监督检查企业安全生产责任制是否落实，安全管理、安全投入等是否到位；劳动条件、作业环境是否符合国家标准。督促和协助企业整改发现的问题、落实提出解决问题的办法。

2. 调查研究。

定期分析研究劳动安全卫生状况，向企事业单位和有关方面反映职工对劳动安全卫生工作的意见、建议和要求。提出工会的意见和解决问题的建议，督促和协助企事业单位解决劳动安全卫生方面存在的问题，不断改善劳动条件和作业环境。

3. 安全生产民主管理。

委员会参加涉及职工劳动安全与健康规章制度的制定，参与本单位劳动安全卫生措施、计划和经费投入等方案的制订和实施，对劳动安全卫生的决策、措施提出意见和建议。参与本单位集体合同中关于劳动保护、工作时间、休息休假和工伤保险等条款的协商与制定，维护职工劳动保护的权利、休息休假的权利和享受工伤保险的权利。同时，要对集体合同、劳动合同中劳动保护条款的执行情况进行监督检查。委员会应组织专门人员成立专题组，搜集、整理、了解国家和地方的有关规定、标准及政策，掌握协商谈判的法律依据；结合企业劳动保护现状和群众关心的问题进行调查，以便就劳动保护问题与行政方面进行协商。集体合同签订后，应定期组织对集体合同中劳动保护条款的执行情况进行检查，确保集体合同的履行和兑现。

4. 制止“双违”和安全检查。

制止违章指挥、违章作业；组织或协同行政进行安全生产检查，组织职工代表对劳动安全卫生工作进行督察，是委员会重要职责之一。委员会委员通过深入作业班组，及时发现“双违”问题，并加以制止，可将事故扼杀在萌芽状态。委员会要依据企业生产的实际情况，定期或不定期组织或协同行政进行安全生产检查。查设备管理、查设备检修、查事故隐患、查职工个体防护和作业现场等。委员会还要做好职工代表的安全生产监督检查的组织工作，制订方案、组织实施、进行总结，充分发挥职工安全生产的监督作用。

5. 监督事故隐患整改治理。

委员会应对事故隐患和职业病危害作业点建立档案，监督整改和治理，并督促企事业单位防范事故和职业病危害。凡是能够在班组、车间和企业解决的事故隐患和职业病危害作业点，基层工会应列为跟踪监督检查的目标，监督与协助企业行政落实整改措施。凡企业一时不能解决的，要制定防范措施加以控制。涉及企业外以及企业自身无法解决需要上级协助的，要及时与当地政府和上级工会组织联系，进行协调解决。对违反国家法律法规、不符合劳动安全卫生标准规定的问题，提出整改意见；问题严重的，向企事业行政提出书面整改意见；对拒不整改的，可要求政府有关部门采取强制性措施。

6. 参加“三同时”审查验收。

按照“三同时”分级审查验收的权限，依据法规和标准的要求，积极参加审查验收。委员会应集体讨论，就设计、施工、预生产、投产使用的各个环节严格把关。要重点监督项目的生产工艺流程设计是否先进合理；针对生产过程中可能产生的职业病危害所采取的措施是否合理、有效并符合国家有关的法律、法规和标准；职业卫生和安全设施的工程质量以及运行效果如何；工程项目完工时是否按照批准的初步设计，全部配套建设了尘、毒治理和安全设施项目；配套建设的尘、毒治理和安全设施的质量是否符合验收标准、性能是否良好；试生产时，生产场所测试的数据是否达到了设计预期的效果，是否符合国家职业卫生和安全标准。

7. 参加事故调查处理。

委员会要参加职工伤亡事故的调查处理，查清事故原因和责任，提出对事故责任者的处理意见，并监督和协助企事业单位采取防范措施。要定期对已经发生的职工伤亡事故和职业病进行研究、分析，总结教训，从加强安全管理、改进工艺、增加安全设施、提高职工的安全意识和技术技能等方面提出建议，制定防范措施，督促和协助企事业行政落实安全防范措施。

8. 紧急避险。

在生产过程中发现明显重大事故隐患和严重职业病危害，并危及职工生命安全的紧急情况时，委员会应要求企事业行政或现场指挥人员采取紧急措施，包括立即从危险区内撤出作业人员。同时支持或组织职工采取必要的避险措施并立即报告。

9. 教育与宣传。

委员会应积极宣传国家劳动安全卫生法律法规、政策及企事业单位的规章制度，结合实际情况，组织和发动职工开展安全生产活动，教育职工遵章守纪，提高职工的安全意识和技能。

10. 维护职工劳动安全健康合法权益。

委员会要督促企事业单位按照国家有关规定发放劳动防护用品、用具；监督企事业单位定期对职工进行健康检查；监督企事业单位履行对职业病人的诊断、治疗和康复的责任，督促落实工伤保险待遇及职业病损害赔偿；监督和协助企事业单位落实女职工和未成年工特殊保护的有关规定。

（五）对基层工会劳动保护监督检查委员会的指导和表彰与奖励

上级工会要对基层工会劳动保护监督检查委员会开展工作给予指导和帮助，定期举办委员会委员培训班，推广各地、各企业开展劳动保护监督检查的经验，充实现代安全管理知识和方法。为保护委员会委员的积极性，工会组织要经常听取委员的意见和建议，为委员开展工作排忧解难，提供工作保障。同时，上级工会组织对工作成绩显著的工会劳动保护监督检查委员会应给予表彰和奖励。全国总工会不定期表彰全国优秀企业工会劳动保护监督检查委员会，以激励更多的工会劳动保护监督检查委员会为保护职工的安全与健康作出贡献。

四、工会小组劳动保护检查员

在班组中设立工会小组劳动保护检查员。因为他们工作在生产一线，了解劳动组织、劳动条件、机器设备、生产状况和安全卫生情况，知道职工群众在劳动安全卫生方面的需求，能更好地发挥职工劳动保护监督检查的作用。

（一）工会小组劳动保护检查员设立范围、推选程序和任职条件

《工会小组劳动保护检查员工作条例》第二条规定："在工、交、财贸、基本建设等行业的企事业生产班组中，设立工会小组劳动保护检查员。"这一规定强调在工、交、财贸、基本建设等事故多发行业的生产班组中必须设立工会小组劳动保护检查员，突出了工会劳动保护监督的重点是在生产班组，工会劳动保护监督的哨兵必须设立在生产班组。工会小组劳动保护检查员经民主推选产生。工会小组劳动保护检查员是本班组职工劳动安全卫生权益的维护者。谁愿意代表且能够维护班组成员的利益，本班组的职工最清楚，也最有发言权。因此，工会小组劳动保护检查员由所在班组职工群众推选产生。

工会小组劳动保护检查员的任职条件是，应具有一定的劳动安全卫生知识；敢于坚持原则，有较强的责任心。因为工会小组劳动保护检查员肩负着落实规章制度、查询相关信息、开展安全教育、制止"双违"、进行安全检查和紧急避险、现场急救等多项职责，而每一项职责都需要有一定的相关知识才能胜任，所以，工会小组劳动保护检查员应具有一定的劳动安全卫生知识和很强的事业心。作为普通职工的工会小组劳动保护检查员，在监督检查工作中还承受着各方面的压力，一方面是行政要求完成生产任务，提高企业经济效益；一方面是职工兄弟姐妹的生命安全，这就要求工会小组劳动保护检查员要敢于坚

持原则。工会小组劳动保护检查员的工作是工会监督检查最基层的工作，每天的“一班三检”、隐患整改的落实、班组成员安全技能的提高，以及班组成员每天的思想情绪变化，都需要小组检查员付出心血，没有强烈的责任心是无法胜任这一工作的。

（二）工会小组劳动保护检查员与基层工会劳动保护监督检查委员会的关系

工会小组劳动保护检查员在基层工会劳动保护监督检查委员会领导下工作，即基层工会劳动保护监督检查委员会对工会小组劳动保护检查员的工作给予指导。这就完善了工会监督检查体系的上下衔接，也为工会小组劳动保护检查员开展工作提供了组织支持。

（三）工会小组劳动保护检查员的职责

1. 协助落实法律法规和规章制度，创建合格班组。

协助班组长落实国家劳动安全卫生法律法规及企事业规章制度，帮助班组成员成为遵章守纪的模范，做创建安全生产合格班组的排头兵。

2. 维护职工的知情权。

让职工了解作业场所的安全状况是工会小组劳动保护检查员义不容辞的责任。工会小组劳动保护检查员应主动查询工作场所存在的职业病危害和企事业相应的防范措施，带头行使劳动者对作业现场有害因素的知情权利。向企业查询相应的防范措施，一方面可以清楚本班组的作业是否是在安全卫生的条件下进行的，另一方面对企业执行国家法律法规的有关规定起到监督作用。

3. 督促和协助班组开展安全教育工作。

督促和协助班组长对本班组人员进行安全教育，提高安全生产意识和技术技能是工会小组劳动保护检查员的教育职责。安全知识是保留在操作者头脑中的静态记忆，而具备安全意识和技能要经过反复的教育和训练。因此，要经常对班组成员进行安全教育和训练。工会小组劳动保护检查员要督促班组长对班组成员进行安全教育，使之成为经常化、制度化的工作。

4. 制止“双违”。

制止违章指挥、违章作业是工会小组劳动保护检查员的重要职责。在纠正违章时要讲究方式方法，注意通过安全法规教育，增强职工的法制观念，使大家认清违章作业和违章指挥就是违“法”，“遵章是幸福的保障，违纪是灾祸的开端”，“一人违章，众人遭殃”，“违章作业就是自杀，违章指挥无异于杀人”，提高职工遵章守纪以及抵制违章指挥、违章作业的自觉性。

5. 督促解决安全检查中发现的隐患。

工会小组劳动保护检查员应经常对生产设备、防护设施、工作环境进行监督检查，及时了解、掌握和发现工作现场、岗位所存在的致伤、致病和不良工作条件的危险和各种隐患，对于发现的隐患要及时报告，对隐患的整改要穷追到底，监督整改的全过程，直至消除隐患。

6. 紧急避险。

工会小组劳动保护检查员在生产过程中一旦发现危及职工生命安全的紧急情况，应立即报告，并组织职工采取必要的避险措施。要坚持原则，在无法确定事故发生的时间，又有事故发生迹象的情况下，必须依照“安全第一，确保万无一失”的原则，采取积极的措施制止事故的发生，或将事故影响和损失控制在最小的范围，同时将作业区内的职工撤离现场，确保职工的生命安全。

7. 事故抢险和现场急救。

发生伤亡事故后，工会小组劳动保护检查员要迅速参加抢险、急救工作，协助保护事故现场，并立即上报。抢险是为了避免伤亡事故扩大、殃及更多的人员；急救对挽救伤员生命至关重要；保护好现场有利于日后的事故分析；上报事故以便组织抢险救助、善后工作以及事故处理等。

8. 监督企业提供符合国家规定的劳动条件。

工会小组劳动保护检查员有监督企业是否为本班组提供符合国家规定的劳动条件以及个人防护用品的责任，并有义务代表工人提出改善劳动条件和环境的建议。应发动班组成员，群策群力，制订改进方案，把职工的良好愿望，转化为向企事业提出的改善劳动条件和作业环境的建议。

（四）对工会小组劳动保护检查员的表彰与奖励

工会小组劳动保护检查员是工会组织实施劳动保护监督检查的基层骨干，是工会劳动保护监督检查网络的耳目和哨兵。工会小组劳动保护检查员都是兼职人员，他们与班组的职工一样，要承担同样的生产任务，所不同的是他们还要肩负监督本班组安全生产的责任。他们比其他人付出的要多，却没有额外的报酬。为保护工会小组劳动保护检查员的积极性，激励更多的工会小组劳动保护检查员为职工的安全与健康作出贡献，上级工会组织对这些人员进行表彰，并给予必要的物质奖励。工会组织还可与企业行政协商，给予有贡献的工会小组劳动保护检查员一些优惠待遇。

第二节　工会劳动保护的主要工作

新时代工会劳动保护工作的指导思想是：以习近平新时代中国特色社会主义思想为指导，紧紧围绕和服务于党的中心工作，紧紧围绕国家安全生产工作的大局，紧紧围绕工会维护职工合法权益的全局，坚持以职工为中心的工作导向，履行维护职工安全健康合法权益的职责，以事故多发行业尤其是非公有制企业为重点，以“安康杯”竞赛活动为载体，突出机制、制度建设，强化劳动保护基层组织和基础工作，坚持“预防为主、群防群治、群专结合、依法监督”的原则，全面推进工会劳动保护工作，切实维护职工安全健康合法权益。工会劳动保护工作的任务主要有以下六项。

一、宏观参与和基层参与

工会代表和组织职工群众参与国家和社会事务的管理与企业管理，是法律赋予工会的一项重要职责，是工会维护职工国家主人翁地位和当家作主权利的重要渠道。在劳动安全卫生工作中，为维护劳动者在生产过程中的安全与健康，工会必须高度重视宏观参与和基层参与。在参与中坚持为职工群众说话，代表他们的意愿，反映他们的要求，并不断提高参与能力，力争变事后维权为事前介入，增强维权的前瞻性。

（一）工会参与的特点

工会参与国家和社会事务的管理，主要包括参与立法、参政议政等内容；参与企业管理则包括通过职工代表大会和其他形式参与企业民主管理和民主监督，参与企业劳动争议处理等。

工会参与是民主管理和民主监督的结合。工会参与劳动安全卫生管理主要是采用监督的方式，其主要作用是对劳动保护法律法规、标准、政策和企业劳动安全卫生规章制度的执行情况进行监督，以保障职工安全健康合法权益不受侵害。

宏观参与和基层参与的关系是相辅相成、互相促进的。基层参与是工会参与的基础，这种参与主要是工会组织职工直接参与企业安全生产管理。宏观参与是工会参与的最高形式，也是基层参与的必要保障，这种参与主要是工会代表职工通过各种途径参与国家劳动保护法律、法规、标准和有关政策的制定与出台。

（二）工会的宏观参与

《工会法》第三十四条明确规定，国家机关在组织起草或者修改直接涉及职工切身利益的法律、法规、规章时，应当听取工会意见。这不仅为工会参与国家和社会事务的管理提供了法律依据，而且明确了工会宏观参与、源头维护的途径和内容。

1. 立法参与。

（1）国家立法参与。工会应积极参与涉及职工安全健康权益的法律法规的起草和制定、修订工作，通过参与国家立法，表达和反映职工的意愿，确立职工权利的法律地位，为工会维护职工安全健康合法权益提供法律依据，使基层工会在维护职工具体利益时有法可依、有章可循。

作为劳动者代表的工会在参与国家劳动安全卫生法律、法规的制定或修订时，必须注意以下两点：首先，注意职工的劳动安全卫生权利是否得到了充分的体现；其次，在维护职工劳动安全卫生合法权益时，也应考虑国家的经济状况、企业的承受能力等诸方面因素。

（2）地方立法参与。地方工会组织要加强与同级人大、政府的协作和沟通，积极参与有关劳动安全卫生法规与标准的制定和修订，健全劳动安全卫生法律监督制度。对于涉及职工安全健康权益的条款，必须从本地职工的实际情况和经济发展水平出发，依照国家的有关法律法规来确定。由于我国各地经济发展很不平衡，国家在出台劳动保护方面的法律法规和标准时已经考虑到那些经济落后地区的承受能力，所以，国家法律法规所规定的标准是基本标准。地方制定的劳动保护方面的法规标准只能比国家制定的法规标准更加严格，不得低于国家标准。而对那些经济发达地区，工会组织应积极督促政府提高劳动标准，给工人创造一个更加舒适、安全、卫生的工作环境。

2. 宏观决策参与。

工会主要通过以下几个途径参与有关劳动安全卫生的决策：

（1）提交全国、地方各级人大、政协提案议案。工会界的人大代表、政协委员提交反映职工劳动安全卫生方面存在的问题及加强职业安全卫生的提案议案，督促国家和政府完善相关的法律法规，健全相关的工作机制，从源头上解决问题。

（2）参加各级安全生产委员会。2003 年，为加强对全国安全生产工作的统一领导，经国务院同意，成立了国务院安全生产委员会。国务院安委会的职责是在国务院领导下主要负责研究部署、指导协调全国安全生产工作，研究提出全国安全生产工作的重大方针政策，分析全国安全生产形势，研究解决安全生产工作中的重大问题等。各级工会可以通过参加地方安委会就劳动保护工作中的重大决策与有关方面进行平等磋商，最终取得协调一致的行动，使各方利益达到平衡。

（3）参加与同级政府的联席会议。联席会议是政府与工会进行广泛交流、共商大计、协手联合、解决问题的重要平台。工会应充分运用举办联席会议，来解决劳动保护工作中的棘手问题，提出改进意见，督促政府付诸行动。

（4）举办专题讨论会。工会可与政府有关部门就劳动保护工作中某个问题举办讨论会，共同研究和提出解决问题的方案，并采取联合制发文件等形式，面向基层，指导工作。

（三）基层工会参与

基层工会参与是工会参与的重点。基层工会参与，即开展企业劳动保护民主管理和民主监督，其意义十分重大，它体现了社会主义市场经济条件下企业新型的劳动关系，反映了职工在企业安全生产工作中的民主权利。

基层工会参与涉及职工切身利益问题，是很具体、很实际的，为广大职工所关注。基层工会参与劳动保护管理的途径和手段是多种多样的，但应当特别注重运用企业职工代表大会制度和集体协商制度进行民主管理、民主监督。

《劳动法》规定："劳动者依照法律规定，通过职工大会、职工代表大会或者其他形式，参与民主管理或者就保护劳动者合法权益与用人单位进行平等协商。"《工会法》规定："工会通过平等协商和集体合同制度等，推动健全劳动关系协调机制，维护职工劳动权益，构建和谐劳动关系。工会依照法律规定通过职工代表大会或者其他形式，组织职工参与本单位的民主选举、民主协商、民主决策、民主管理和民主监督。"平等协商、集体合同制度和职代会制度是工会工作的两项基本制度，各级工会应通过推行、完善这两项制度，不断提高企业劳动保护民主管理与民主监督的水平。

1. 基层参与。

基层工会的参与，主要是参与企业有关劳动保护方面的管理制度、作业规程、奖惩办法等的制定和修订工作。特别是通过签订集体合同，代表职工就劳动安全卫生方面的问题与企业进行协商，依法订出双方都可接受的劳动标准，从而在源头上减少或避免矛盾，稳定企业的劳动关系，保障职工安全与健康的合法权益。

工会在参与集体合同及有关规章制度的制定和修订工作中，应紧紧依靠、组织广大职工群众。因为职工群众，特别是一线工人，他们对劳动保护有迫切的要求和丰富的实践经验，吸纳他们的意见，无疑对基层参与是十分有益的。工会在基层参与中，还应特别关注条款规定的职工在劳动保护方面应尽的义务和享有的权利是否平衡，同时既要考虑职工的利益，也要兼顾企业的利益。

2. 基层决策参与。

（1）基层工会依照法律规定通过职代会或者其他形式，组织职工参与本单位的民主决策，审议包括劳动保护在内的涉及职工切身利益的生产经营重大决策。在有职工持股的股份责任公司和股份合作制企业，工会可利用股东大会参与决策；在私营和小型外资企业，工会可以利用职工大会对企业劳动保护方面的决策提出疑问。

（2）基层工会通过参与企业每年劳动保护措施计划的制订，确保职工的工作条件和工作环境逐年有所改善，对企业存在的事故隐患与职业病危害，应分轻重缓急纳入劳动保护措施计划，并通过有效的监督保证资金的投入及计划的实施。

（四）集体合同中劳动安全卫生条款的设定

1. 集体合同中设置劳动保护条款应遵守的原则。

（1）劳动保护内容必须符合我国现行的各种劳动保护法律法规的要求。签订集体合同的目的在于全面贯彻落实我国现行法律法规，从整体上维护职工的合法权益，确保职工的身心健康。其核心内容是规定企业的劳动标准和实现劳动标准的具体措施。劳动安全卫生是劳动标准的重要内容之一，我国的劳动保护法律法规，对劳动保护和安全卫生工作有明确的要求。集体合同中规定的企业劳动安全卫生标准，不得低于我国现行劳动法律法规的规定和地方法规的规定。

（2）集体合同中的劳动保护条款应体现广大职工的意愿和要求。劳动保护条款就是为了保护职工在生产过程中的安全和健康。因此在平等协商前必须充分征求广大职工的意见，认真听取职工群众的呼声，收集和分析群众在劳动保护方面最为关心的问题，扎扎实实为职工解决几个问题、办几件实事。

（3）既要坚持国家标准，又要从企业实际情况出发。设置劳动保护条款，既要坚持国家标准，又要从企业实际情况出发。对于强制性国家标准，工会必须坚持原则。对于非强制性标准，企业暂时达不到标准要求的，工会要根据企业的物质条件、经济能力、管理水平，针对企业劳动保护方面存在的突出问题和应重点防范的部位和环节，与行政协调，拿出整改治理计划和方案，促使劳动条件的改善和事故隐患的整改治理。

（4）尽可能具体和量化。集体合同中的劳动条件、安全目标、安全设施改善、安全技措费投入、隐患治理项目等，尽可能具体和量化，以便于操作、检查、落实、考核和监督。

（5）必须体现工会的维护职能。集体合同中必须明确工会在劳动保护工作中的责任和依法独立开展监督检查的权利，且有保障工会顺利行使职权的条款。

2. 集体合同中劳动保护条款的设定。

企业集体合同中劳动保护条款涉及的主要内容包括：

（1）企业必须严格执行国家劳动保护法律、法规、条例、标准；建立健全、落实以安全生产责任制为核心的各项管理制度；完善各项作业标准和安全操作规程。

（2）企业必须向劳动者提供符合国家标准的劳动条件、生产设备、设施、工具和个人防护用品。

（3）企业对查出的事故隐患和尘毒作业超标点要及时治理整改，对一时难以治理的，要采取可靠的防护措施及时制订整改治理计划，并优先保证其资金。

（4）企业进行新建、扩建、改建工程时，要贯彻、落实劳动安全卫生设施与主体工程同时设计、同时施工、同时投产的原则。在进行“三同时”审查验收时，按有关规定通知工会派员对“三同时”工作实施监督。在推广新技术、新工艺、新产品时，必须采取可靠的安全卫生措施。

（5）企业每年提出年度安全技术（劳动保护）措施项目计划，落实资金，落实责任人员，明确完成时间。年度安全措施项目必须经过职工大会或职代会审议通过，工会对其实施情况进行监督。

（6）企业有对职工进行安全教育的义务，职工享有接受安全教育的权利。企业工会督促行政制订职工年度安全教育培训计划，配合行政搞好职工安全教育培训工作，监督企业行政将安全培训落到实处。

（7）企业应根据国家规定发放劳动防护用品，并教育、督促检查职工正确使用。

（8）对从事、接触有毒有害作业的职工要按期进行职业健康检查。对查出患职业病的职工，企业要及时给予治疗及安排疗养，并按规定和要求调离有毒有害工作岗位。

（9）企业发生伤亡事故和严重职业病危害时，必须及时通知工会。发生重伤以上事故，企业要按国务院《生产安全事故报告和调查处理条例》及时向有关方面和工会组织报告。由企业自行负责调查处理的事故，必须坚持“四不放过”的原则，即事故原因没有查清不放过、责任人员没有受到处理不放过、防范措施没有落实不放过、有关人员没有受到教育不放过。事故分析会必须有工会代表参加，没有工会的签字，事故不得结案。

（10）企业应当遵守国家对女职工和未成年工的特殊保护的规定，切实履行自己的职责。

（11）企业必须履行参加工伤保险的责任。按时、足额支付工伤保险费。

（12）企业制定和修改劳动保护规章制度时，应该吸纳工会参加。涉及职工安全健康的重大问题，必须经职代会讨论审议通过。

（13）企业法定代表人应定期向职代会报告企业有关劳动保护的情况，接受职工的监督。

（14）工会积极配合企业行政对职工进行安全卫生教育，监督各项安全管理规章制度的执行。发现违章指挥、强令工人冒险作业和重大事故隐患、职业病危害时，工会有权向行政方面或现场指挥人员提出改正意见；当发现危及职工生命安全的紧急情况时，有权提出停止作业建议，组织工人撤离危险现场。企业行政方面必须及时作出处理决定。

（15）工会依法独立进行劳动保护的监督检查，支持行政改善和加强劳动管理，企业行政支持工会实施群众性劳动保护监督检查工作。

（16）职工在劳动过程中，必须严格遵守劳动纪律、作业标准和安全操作规程。

（17）职工有权拒绝企业管理人员的违章指挥。对危害职工安全健康的行为，有权提出批评、检举和控告，企业不得对其刁难或打击报复。

3. 制订劳动保护条款应该注意的问题。

（1）避免在集体合同中照抄、照搬劳动法律法规。应针对企业安全生产状况和安全管理、安全设施、事故隐患、职业病危害等方面存在的问题与行政进行协商。制定的劳动保护条款必须目标明确、措施具体、具有可操作性。

（2）合同条款文字表述尽量严谨和准确。集体合同是依法签订的具有法律效力的文件，必须严谨准确，不能与各项国家法律法规、标准相悖。

（3）实事求是，从企业实际出发，切合企业情况，体现企业特色。

（4）集体合同条款的制定不能一劳永逸，要在合同执行过程中，不断修订、改进和完善。

（五）企业职代会劳动保护民主管理

1. 通过职代会行使劳动保护民主权利。

《全民所有制工业企业法》规定职代会有五项职权：审议建议权，审查同意或否决权，审议决定权，评议监督权和选举权。职工行使劳动保护民主管理和民主监督权利与这五项职权都有密切的联系，重点是审查同意或否决权。

（1）职代会劳动保护的审查同意或否决权。《全民所有制工业企业法》规定，职工代表大会有权“审查同意或者否决企业的工资调整方案、奖金分配方案、劳动保护措施、奖惩办法以及其他重要的规章制度”。这明确了职工代表大会所依法享有的、对职工劳动保护方面予以审查同意或否决的权力。也就是说，企业劳动保护措施，应由厂长和职工代表大会共同决定，只要职代会审查同意就可以作出决议予以实施，否则就不能形成决议，不能付诸实施。

（2）职代会行使劳动保护审查同意或否决权的内容。企业“劳动保护措施”是指企业根据生产经营建设的特点和国家法律法规的规定，为保护职工在生产经营建设过程中的安全与健康所制定的措施、规定与办法。各种类型的企业，劳动保护具体措施会有所不同，一般来讲，提交职代会审查的劳动保护措施应包括以下六个基本内容。

一是劳动安全。主要包括：为保证职工生产劳动过程中的生命安全，防止伤亡事故发生而采取的技术、设备、个人防护等方面的措施。

二是劳动卫生。主要包括：为保障职工身体健康，预防职业病、职业中毒和职业性危害，而在技术上、设备上、医疗卫生预防方面所采取的措施。

三是安全技术措施费用。主要包括：安全技术改造、生产环境的改造和隐患的治理等专项费用的提取、使用。

四是劳动防护用品。主要包括：为职工安全生产应提供的各种劳动防护用品的质量和数量。

五是工作时间和休假等。主要包括：国家法定劳动时间、职工休息的权利，有关节假日休息及加班待遇的规定。同时还包括女职工特殊劳动保护如“五期”保护的具体规定。

六是劳动保护奖惩制度。主要包括：对领导干部与职工贯彻执行企业劳动保护规章制度实行奖惩的依据、奖惩的条件、奖惩范围、奖惩形式等。

（3）在行使劳动保护审查同意或否决权时，要坚持三个原则。

一是坚持国家法律法规与企业制度相一致的原则。企业不论如何转制，都必须执行国家劳动保护法律法规，企业应根据国家法律法规，结合企业实际情况，制定出切实可行的内部劳动保护措施与规定。

二是坚持全面落实“安全第一，预防为主，综合治理”的工作方针。提请审查的劳动保护措施，不仅要包括安全生产的内容，而且要包括劳动卫生等各方面的内容。立足点放在“预防”上，通过采取各种措施，强化安全生产。

三是坚持劳动防护措施费用专款专用的原则。劳动防护措施费用不能挪用或变相挪用。

（4）职代会行使劳动保护审查同意或否决权的程序。行使劳动保护审查同意或否决权，一般应有以下四个程序。

协商草案。行政要事先向职代会通报需要审议的劳动保护内容，工会要主动配合行政拟出草案。

会前讨论。召开职代会之前，将草案交职代会各代表团、组进行讨论，汇总意见后转交行政有关方面作进一步修改。

会中审议。职代会召开期间，提交各代表团、组作正式讨论审议，主席团汇总职工代表意见后，交行政进行修改或说明。

表决实施。劳动保护措施或奖惩制度提请职代会表决。经职工代表半数同意方为通过。经职代会审查同意的方案可由厂长（经理）公布实施。

如果行政提出的劳动保护方案在职代会上被否决，厂长

（经理）不得公布和实施，但可以对方案继续修改，提请职代会复议或下次职代会审查。凡经职代会审查同意后实施的劳动保护方案，如需修改，应经职代会同意或授权职代会常任主席团、各分团团长联席会议协商处理，并需向下次职代会报告予以确认。

2. 职代会劳动保护专门委员会。

（1）职代会劳动保护专门委员会是行使职代会劳动保护民主管理职权的专门工作机构。许多企业职代会专门设立了劳动保护监督检查委员会；有的企业采取职代会劳动保护专门委员会（小组）与企业工会劳动保护监督检查委员会两个组织合一的办法。不论采取什么组织形式或定什么名称，设立职代会劳动保护专门委员会对于加强职工参与劳动保护民主管理都是非常必要的。

（2）职代会劳动保护专门委员会的主要职责。

参与审议提交职代会审议的劳动保护有关议案。

职代会闭会期间，审定职权范围内的需要协商解决的劳动保护问题，并向职代会报告予以确认。

检查、监督职代会关于劳动保护措施方案以及有关决议、提案的执行与处理。

向职代会报告一年内开展劳动保护检查、监督工作的情况并提出下一年度的工作计划。

为了有效地开展好职代会劳动保护专门委员会的工作，根据企业的经验，一般应建立健全会议制度、调查研究制度以及与行政安全技术部门对口联系制度等。

职代会劳动保护专门委员会的成员，应从不担任行政部门主要领导职务的一般干部、劳动保护科技管理人员、工人职工代表中推选，提出名单交职代会表决通过，委员会主任或小组长通常由工会部门负责人出任。

3. 职代会劳动保护提案。

职代会劳动保护提案，是职工代表或职工提出的、提请职代会讨论或企业解决的有关劳动保护的方案或建议。

职代会劳动保护提案一般以书面形式提出，提出者要署名，讲清提案的理由、要求和建议。征集和处理好提案，是落实职代会劳动保护民主管理权力的重要环节，也是组织职工参与企业劳动保护管理的过程。一般程序是在召开职代会前，工会或劳动保护监督检查专门委员会发出征集通知，发动职工代表在调查的基础上提出劳动保护提案，各代表团收集本团提案，报工会与劳动保护专门委员会审查立案，重大提案报职代会讨论，一般提案报主管部门研究、处理并反馈，工会与劳动保护专门委员会负责对落实情况进行检查并予以通报。对于改进企业劳动保护工作有重大价值的提案，行政不仅应当认真研究、采纳实施，还应给予提案人一定的物质或精神奖励。

4. 用人单位应当依法支持职代会的工作。

按照《全民所有制工业企业法》的规定，“厂长必须依靠职工群众履行本法规定的企业的各项义务，支持职工代表大会、工会和其他群众组织的工作，执行职工代表大会依法作出的决定”。在职代会召开之前，厂长应责成行政有关方面，通知工会和职代会劳动保护专门委员会参与劳动保护方案或规章的调查、起草、协商；职代会召开期间，厂长应认真听取职工代表有关劳动保护工作的审议意见、建议并及时解答职工代表的质疑；职代会闭会后，对需要立即实施的劳动保护措施和有关奖惩规定、重大举措，厂长也要按照民主程序经工会及职代会劳动保护专门委员会讨论、审议。

需要说明的是，上述有关职工代表大会的内容，是根据《全民所有制工业企业法》的规定阐述的，非公有制企业可以结合本单位实际情况，根据《公司法》精神，探索职工劳动安全卫生方面民主管理和民主监督的新方法。

二、安全检查

安全检查是一项综合的安全生产管理措施，是建立良好的安全生产环境与秩序，保证安全生产目标实现的有效手段，是企业防止、减少事故和职业病危害的有效方法。安全检查是企业安全管理的重要手段之一，是劳动生产环境的系统危险性识别方法，是事故控制、系统安全性评价的基础。

安全检查是工会维护职工安全健康合法权益的重要途径与手段，通过开展各种形式的群众性的安全生产检查，可以宣传党和国家安全生产方针政策和法律法规，促进企业负责人、管理者和职工群众提高安全意识；可以发现在生产过程中的不安全因素，督促采取有针对性的措施，消除不安全因素；还可以发现、总结安全生产的好经验，推动企业搞好安全生产。

（一）安全检查的基本要求

安全检查的基本要求：必须明确安全检查的目的、要求和具体计划；必须明确安全检查的组织、安全检查人员的责任；必须明确安全检查的形式、要求、内容和评价标准；必须坚持领导干部、专业人员和职工群众相结合的原则；必须坚持边检查边整改的原则；必须坚持注重实效的原则。

（二）安全检查的类型

按检查范围分类有全国性安全检查、区域性安全检查、行业性安全检查、企业安全检查、车间和班组安全检查等。

按检查的时间跨度分类有定期安全检查、年度安全检查、季度安全检查、月度安全检查、周安全检查、日常安全检查及不定期安全检查等。

按检查对象分类有特种设备安全检查、危险作业安全检查、专项安全检查、岗位（自检、互检）安全检查。

按组织者分类有工会参与性的安全检查（全国性、区域性、产业性、企业性），以工会为主组织的安全检查（基层以上工会组织的安全检查、基层工会组织的安全检查和以职工代表为主的安全检查）。

（三）安全检查的主要内容

安全检查涉及的内容十分广泛，每次安全检查的对象、目的有所不同，检查的内容也就不同，其主要内容应该包括：

1. 检查政策和相关法律法规执行情况。

主要是对照党和国家有关安全生产的方针、政策和国家安全生产的法律法规、标准，检查企业及企业负责人、管理者和职工群众的认识和执行情况。

2. 检查安全管理制度落实情况。

主要检查企业是否已制定安全生产的各项规章制度；企业负责人是否把安全生产工作摆到议事日程，在计划、布置、检查、总结、评比生产的同时是否都有涉及安全生产的内容，看这“五同时”的要求是否真正得到落实；企业各职能部门在各自的业务范围内是否对安全生产负责；安全监督管理机构是否健全；职工群众是否参与企业的安全生产民主管理活动；工会劳动保护监督检查组织网络是否健全；改善劳动条件的措施计划是否按年度编制与实施；安全技术措施经费是否逐项、足额提取和使用；新建、改建、扩建工程项目是否与劳动安全卫生设施同时设计、同时施工、同时投产，即“三同时”的要求是否得到落实；各种操作规程是否完善和具体执行情况；企业安全生产规章制度是否完善，如企业安全生产责任制、企业安全教育制度、安全生产考核制度、事故管理制度、设备管理制度、各种操作规程、劳动防护用品管理制度、安全档案制度、危险作业管理制度、危险物品管理制度、重大生产安全事故应急救援预案等是否建立健全等。

3. 检查设施、设备安全状态及其隐患整改情况。

以机械制造企业安全检查为例。主要是深入企业现场，检查企业的劳动条件、生产设备以及相应的生产辅助设施是否符合安全生产、文明生产的要求。具体内容包括：

（1）检查生产环境存在危险因素的情况。包括环境布置、安全通道、照明、粉尘、有毒有害物质、事故火灾隐患、高空和狭小作业空间、环境温度和湿度、放射性物质及微波的辐射等。

（2）生产工艺、生产流程及设备使用情况。主要包括潜在的机械、电气伤害等情况。各种机械设备上的安全防护装置是否完备、有效；电气设备上的防漏电、防触电装置是否符合技术要求。

（3）危险品使用保管情况。例如，易燃易爆物质、放射性物质的使用与保管情况，即有毒有害物质的防护措施是否符合卫生要求。

（4）个体防护装备（通常说的个人劳动防护用品）的质量和使用是否符合安全规定。

特别是对企业的要害部位和重点设施，如变配电所、锅炉房和各种有毒有害、易燃易爆等物品的仓库及使用场所都应严格检查。

4. 检查违章行为。

违章行为包括违章指挥和违章作业。实践表明，违章指挥和违章作业是引发生产安全事故的主要原因之一。由于种种原因，当前生产中违章指挥和违章作业，甚至习惯性违章现象还比较普遍。为了预防事故的发生，对违章指挥和违章作业行为必须严格检查并及时纠正。要检查企业负责人、管理者是否坚持安全生产方针，是否关心职工群众的安全与健康；现场指挥人员有无违章指挥现象；职工群众是否有违章作业等不安全行为。

（四）安全检查的方法

安全检查必须贯彻领导干部、专业人员、职工群众相结合的原则，若检查的规模和范围比较大，还需在政府、产业或单位主管部门的负责人统一领导下，组成有应急、卫健、工会和公安等有关部门和单位参加的临时领导机构，下设办公室，具体组织检查工作。已经成立安全生产委员会的，则由其具体组织领导这项工作；若以工会为主组织的安全检查，应由工会负责同志任组长，成员可以由工会劳动保护专职、兼职干部组成，同时可邀请安全专家和政府有关部门相关人员参与；若检查规模不大，内容也比较单一，如在企业内部开展的安全生产检查或专业检查，一般由企业负责人任组长，组织工人、技术人员、安全管理人员和工会干部等有关人员参加。不管采取哪种形式，都要有负责同志具体负责检查工作，并亲自抓，亲自参加检查。同时，要广泛发动群众，依靠群众，提高群众安全生产自觉性。安全检查过程也是宣传党和国家安全生产方针政策、法律法规和标准，以及企业各项规章制度的过程，通过安全检查，提高全员的安全素质，推动企业消除各类隐患，不断改善劳动条件，维护职工群众在生产过程中的安全与健康。

安全生产检查的具体方式方法很多，如深入现场实地观察，召开汇报会、座谈会、调查会以及个别访问职工，查阅有关文件和资料等，都是常用而有效的方法，可以根据具体情况，灵活运用。

实践证明，安全检查中使用安全检查表会使安全检查更科学、更有效，可以避免重复、漏查和克服盲目性。它也是国际通行的一种有效的安全检查工具。全国总工会曾在工会系统中推广的安全检查提示卡也是一种安全检查表。安全检查提示卡是一种作业现场（岗位）安全检查主要内容提示卡，具有较强的针对性、实用性和可操作性，较好地解决了工会劳动保护检查人员和操作工人在安全检查中“查什么、怎么查”的问题。

（五）安全检查结果的处理

对检查出来的不安全因素，尤其是检查出来的现场事故隐患要及时处理，才能真正地消除危害，这是进行安全检查的主要目的之一。

1. 安全检查结果处理的原则。

正确、及时、有效地处理安全检查中发现的事故隐患和不安全因素，做到条条有着落、件件有交代，应遵循以下原则。

（1）边查边改的原则。在生产作业现场进行安全检查，发现的事故隐患和不安全因素，当场可以解决的，应要求生产经营单位立即进行整改，并现场记录下整改的人员、方法或措施、时间等。如现场检查发现闸刀的保险丝用铁丝代替，应当场要求电工更换符合要求的保险丝；如发现有员工操作钻床戴手套，应当即要求纠正并给予批评教育。这种边查边改的方法一方面可以及时消除事故隐患和违章行为，另一方面也能减轻安全检查人员后期的工作量。同时，现场解决问题，对于在场员工是很好的安全教育，其效果比课堂安全教育更好。

（2）限期整改的原则。限期整改就是要求对事故隐患和不安全因素在规定的时间内按要求整改完毕。对于不能在现场立即解决的问题，必须限期解决。限期整改通知不能采用口头的表达方式，而要用书面方式并按程序明确整改时限和整改要求及标准，只有这样，才能保证整改的效果。

（3）采取防护措施的原则。对于一些事故隐患或不安全因素，在整改之前，必须采取一定的防护措施，以确保不发生事故。如某砂轮机缺少防护挡板，应设置警告标志并停止使用，待防护挡板安装完毕后再恢复正常使用。

(4)“三定四不推”原则。

“三定”是指定具体负责人、定措施办法、定整改时限。

“四不推”是指凡班组能解决的不推给车间，凡车间能解决的不推给企业，凡企业能解决的不推给上级主管部门，凡本级主管部门能解决的不推给上一级机关。

2. 工会可采取的措施。

(1) 对检查出来的违章指挥、违章作业等属于人的不安全行为，要认真分析违章行为产生的原因，并有针对性地进行整改，或修订作业规程，或加强教育培训。

(2) 检查出来的一般性的隐患，要按照“三定四不推”的原则进行整改。

(3) 检查出来的重大隐患要建立档案，可以采用《限期解决问题建议书》，跟踪监督企业行政整改。必要时向政府有关部门通报，建议整改，并督促其落实。

(4) 对企业一时无法解决的重大隐患，在采取必要的应急防范措施的基础上，应建议列入企业安全技术措施计划，必要时也可以作为企业平等协商签订集体合同的一项内容。

(5) 企业自身无法解决的重大隐患，要按系统，逐级上报。

(6) 对企业存在重大隐患且拒不整改的，应提请政府有关部门采取强制性措施。

3. 总结推广经验。

在安全检查中，要注意发现先进典型，及时总结和推广先进的安全生产经验，同时也要注意总结教训，通过正反两方面的经验教训，找出搞好安全生产工作的规律，有针对性地采取措施，不断提高安全生产管理水平。

(六) 事故隐患和职业病危害作业点建档、跟踪监督整改

检查发现并整改工业生产中的各种事故隐患和职业病危害，是预防各种事故和职业病的一项重要措施，也是工会劳动保护

监督检查的一项重要任务。为了做好这项工作，应开展对事故隐患和职业病危害作业点的建档、跟踪监督整改工作。

1. 定义与分级。

事故隐患是指在生产劳动中有可能导致事故，但通过采取一定办法或措施能够排除或抑制的潜在的不安全因素。如人的不安全行为、物及工作环境的不安全状态以及管理方面的缺陷等。根据现行法律法规及标准，并结合实际情况，可将事故隐患按其可能造成的伤害程度及经济损失进行分级。

职业病危害作业点是指由于工艺技术、设备、卫生防护设施等的缺陷，致使生产劳动环境中存在一些物理的、化学的、生物的有害物质，可能对接触者造成职业病危害或患职业性疾病的作业点。我国现已制定和颁布了作业场所劳动条件分级的国家标准或者行业标准，可以作为职业病危害作业点分级的依据。

2. 检查与登记。

工会要发挥劳动保护监督检查网络的作用，会同行政、职工群众，及时检查发现事故隐患和职业病危害作业点，并做好登记工作。

基层工会劳动保护监督检查委员会要组织其委员独立或协同行政有关方面，开展定期、不定期的全面或专项安全卫生检查，发现事故隐患和职业病危害作业点，并进行登记。

工会小组劳动保护检查员要发动班组职工检查、发现工作场所的各种事故隐患和职业病危害作业点，并及时登记。

3. 评估与建档。

对检查发现的事故隐患和职业病危害作业点，基层工会要会同行政有关部门做好评估工作，必要时要求企业委托具备资质的安全评价机构对隐患进行评估。评估工作的重点是认定事故隐患可能造成的死亡人数和经济损失；认定职业病危害作业点的粉尘、毒物浓度及其危害的程度。在评估的基础上进行分级，提出整改措施。

需要跟踪监督检查的事故隐患和职业病危害作业点应当按照要求建立档案。

4. 整改与工会监督检查。

对评估和建档的事故隐患和职业病危害作业点，企业应当及时落实整改措施，工会负有跟踪监督检查与协助企业行政落实整改的责任。

企业（基层）工会在事故隐患整改过程中应做好以下几项工作。

（1）凡是能够在班组、车间和企业内解决的事故隐患和职业病危害作业点，应列为跟踪监督检查的目标，监督、协助行政实施整改，并发动与组织职工积极参与整改。

（2）对可能发生火灾、爆炸、坍塌和急性中毒等事故隐患和职业病危害作业点，要作为跟踪监督整改的重点。

（3）凡是可以解决的问题，应督促有关方面立即落实整改措施及时解决；暂时不能解决的问题，应根据实际情况向行政提出限期整改的意见，并协助行政确定解决措施、解决时间和负责人；凡能列入企业安全措施计划、大修计划、技术改造工程和其他项目的事故隐患，应建议并督促企业行政将其列入有关措施计划认真加以落实。

（4）重大问题应提交职工代表大会审议并监督执行。

（5）在事故隐患和职业病危害作业点整改措施未落实期间，应建议、协助并监督企业行政采取应急防范措施。

5. 报告、统计分析与存档。

（1）报告。企业自身无法解决的事故隐患和职业病危害作业点，基层工会应及时填写事故隐患和职业病危害作业点报告书，报上级工会劳动保护部门，同时建议企业行政报上级主管部门。

上级工会劳动保护部门对下面上报的事故隐患应建档并实行跟踪监督检查，仍无法解决的应逐级上报建档，实行跟踪监督检查。

（2）对于已经建档的事故隐患，要定期认真进行统计、分析。自身无法解决的事故隐患，要写出详细的专题报告，说明无法解决的理由，请上级组织给予解决。

（3）对于已经整改的事故隐患应存档，在档案中要注明整改的日期、整改负责人、所采取的措施、整改效果及取得的经验和体会。

三、工会对生产性建设工程项目“三同时”的监督

“三同时”是指新建、改建、扩建生产性建设工程项目的劳动安全卫生设施必须与主体工程同时设计、同时施工、同时投产。工会依法对“三同时”进行监督，主要是监督新建工程项目的劳动安全卫生设施是否齐全，作业条件是否符合国家相关标准，以防止新建、改建、扩建生产性建设工程项目产生新的隐患，避免历史遗留隐患没消除又产生新的隐患，从而保障职工在生产过程中具有最基本的安全生产条件。

（一）“三同时”的一般性法律规定

《劳动法》第五十三条规定：“新建、改建、扩建工程的劳动安全卫生设施必须与主体工程同时设计、同时施工、同时投入生产和使用。”《安全生产法》第三十一条规定：“生产经营单位新建、改建、扩建工程项目（以下统称建设项目）的安全设施，必须与主体工程同时设计、同时施工、同时投入生产和使用。安全设施投资应当纳入建设项目概算。”《职业病防治法》第十八条规定：“建设项目的职业病防护设施所需费用应当纳入建设项目工程预算，并与主体工程同时设计，同时施工，同时投入生产和使用。”《工会法》第二十四条规定：“工会依

照国家规定对新建、扩建企业和技术改造工程中的劳动条件和安全卫生设施与主体工程同时设计、同时施工、同时投产使用进行监督。"《安全生产法》第六十条规定："工会有权对建设项目的安全设施与主体工程同时设计、同时施工、同时投入生产和使用进行监督，提出意见。"

建设项目"三同时"是安全生产工作的一项"事前"保障，对于防止和减少生产事故和职业病危害与职业病，具有重要意义。

（二）"三同时"审查原则和标准

1."三同时"审查原则。

对建设项目的劳动安全卫生设施进行"三同时"审查原则是根据国家、行业和地方有关劳动安全卫生和安全技术标准、规定，参照我国国情和现有技术水平，既要坚持按标准严格要求，又要坚持实事求是。

2."三同时"审查标准。

对建设项目的劳动安全卫生设施进行"三同时"审查应当采用我国现行（规定或者认可）的劳动安全卫生国家标准及行业标准。

（三）"三同时"审查程序和各个程序的审查要点

1."三同时"审查程序。

目前，我国建设项目的工作程序主要包括下述几个阶段：项目建议书阶段、可行性研究阶段、设计文件阶段、建设准备阶段、建设实施阶段、竣工验收阶段及项目后评价阶段。

生产性建设和全厂性技术改造工程项目的职业卫生和安全设施"三同时"审查，主要是对建设项目的诸阶段中重要的三个阶段进行审查。即可行性研究阶段的安全预评价报告备案、职业病危害预评价报告审查；初步设计阶段的初步设计报告及安全专篇、建设项目安全预评价报告、职业病防护设施设计专篇审查；竣工验收阶段的安全验收评价报告、职业病危害控制效果评价报告审查。

2. 可行性研究阶段的审查。

(1) 安全预评价报告备案。根据《安全生产法》的规定，矿山建设项目和用于生产、储存危险物品的建设项目，应当分别按照国家有关规定进行安全条件论证。

应急管理部（原国家安全生产监督管理总局、国家煤矿安全监察局）要求对煤矿建设项目进行安全预评价，对非煤矿矿山建设项目，涉及危险化学品（包括使用长输管道输送危险化学品，下同）的建设项目，生产储存烟花爆竹的建设项目，化工、冶金、有色、建材、机械、轻工、纺织、烟草、商贸、军工、公路、水运、轨道交通、电力等行业的国家和省级重点建设项目进行安全生产条件论证和安全预评价。

关于煤矿建设项目。煤矿建设项目的安全预评价应由具有国家规定资质的安全评价机构承担。煤矿建设项目安全预评价报告应当包括以下内容：主要危险、有害因素和危害程度以及对公共安全影响的定性、定量评价；预防和控制的可能性评价；建设项目可能造成职业危害的评价；安全对策措施、安全设施设计原则；预评价结论；其他需要说明的事项。

关于非煤矿矿山建设项目，涉及危险化学品的建设项目，生产储存烟花爆竹的建设项目，化工、冶金、有色、建材、机械、轻工、纺织、烟草、商贸、军工、公路、水运、轨道交通、电力建设项目。生产经营单位对建设项目进行安全生产条件论证时，应当编制安全生产条件论证报告。安全生产条件论证报告应当包括下列内容：建设项目内在的危险和有害因素及对安全生产的影响；建设项目与周边设施（单位）生产、经营活动和居民生活在安全方面的相互影响；当地自然条件对建设项目安全生产的影响；其他需要论证的内容。生产经营单位应当委托具有相应资质的安全评价机构，对其建设项目进行安全预评价，并编制安全预评价报告。

现行的安全生产法律法规，未要求政府安全生产监督管理部门对安全预评价报告进行审查，政府仅进行备案。

（2）职业病危害预评价报告的审查。

根据《职业病防治法》的规定，建设项目可能产生职业病危害的，建设单位在可行性论证阶段应当向卫生健康部门提交职业病危害预评价报告。卫生健康部门应当作出审核决定并书面通知建设单位。建设项目职业病危害预评价，应当由依法取得相应资质的职业卫生技术服务机构承担。

国家卫健委要求，建设项目职业病危害预评价报告应当包括下列主要内容：建设项目概况；建设项目可能产生的职业病危害因素及其对劳动者健康危害程度的分析和评价；建设项目职业病危害的类型分析；对建设项目拟采取的职业病防护设施的技术分析和评价；职业卫生管理机构设置和职业卫生管理人员配置及有关制度建设的建议；对建设项目职业病防护措施的建议；职业病危害预评价的结论。

国家根据建设项目可能产生的职业病危害的风险程度，实行分类管理。职业病危害一般的建设项目仅要求备案；职业病危害较重或严重的建设项目，其职业病危害预评价报告应当报安全生产监督管理部门审核。

（3）工会的审查要点。

根据安全生产法律法规，未要求政府部门对建设项目安全预评价报告进行审查。因此，地方或产业工会也没有必要对建设项目安全预评价报告进行审查。当工会组织接到建设项目安全预评价报告后，仅进行备案，对报告存在的问题，可提出建设性建议。

当工会组织接到建设单位报送的职业病危害预评价报告后，应该从职业卫生的角度提出意见。工会组织也可委托工会劳动保护顾问、专家对职业病危害预评价报告进行审查，提出意见。各级工会干部应积极争取成为安全生产监督管理部门职业卫生专家库成员，以专家的身份参与职业病危害预评价报告的审查。

3. 初步设计阶段的审查。

（1）安全设施设计审查。根据《安全生产法》的规定，矿山建设项目和用于生产、储存危险物品的建设项目的安全设施设计应当按照国家有关规定报有关部门审查。

应急管理部要求对煤矿建设项目、非煤矿矿山建设项目、涉及危险化学品的建设项目、生产储存烟花爆竹的建设项目进行安全设施设计审查。

关于煤矿建设项目。煤矿建设项目的安全设施设计，应由具有相应资质的设计单位承担。煤矿建设项目的安全设施设计应当包括煤矿水、火、瓦斯、煤尘、顶板等主要灾害的防治措施，所确定的设施、设备、器材等应当符合国家标准和行业标准。

煤矿建设项目的安全设施设计完成后，煤矿企业应当提出审查申请，提交初步设计报告及安全专篇、建设项目安全预评价报告书等材料。

关于非煤矿矿山建设项目、涉及危险化学品的建设项目、生产储存烟花爆竹的建设项目。生产经营单位在建设项目初步设计时，应当委托有相应资质的设计单位对建设项目安全设施进行设计，编制安全专篇。

建设项目安全设施设计完成后，生产经营单位应当提出审查申请，提交建设项目初步设计报告及安全专篇、建设项目安全预评价报告等材料。

（2）职业病防护设施设计的审查。

根据《职业病防治法》的规定，职业病危害严重的建设项目的防护设施设计，应当报卫生健康部门审查。

卫生健康部门要求，存在职业病危害的建设项目，建设单位应当委托具有相应资质的设计单位编制职业病防护设施设计专篇。建设项目职业病防护设施设计专篇应当包括下列内容：设计的依据；建设项目概述；建设项目产生或者可能产生的职业病危害因素的种类、来源、理化性质、毒理特征、浓度、强度、分布、接触人数及水平、潜在危害性和发生职业病的危险程度分析；职业病防护设施和有关防控措施及其控制性能；辅助用室及卫生设施的设置情况；职业病防治管理措施；对预评价报告中职业病危害控制措施、防治对策及建议采纳情况的说明；职业病防护设施投资预算；可能出现的职业病危害事故的预防及应急措施；可以达到的预期效果及评价。

建设单位在职业病防护设施设计专篇编制完成后，应当组织有关职业卫生专家，对职业病防护设施设计专篇进行评审。

根据卫生健康部门的规定，职业病危害一般和职业病危害较重的建设项目，建设单位在完成职业病防护设施设计专篇评审后，可以按照有关规定组织职业病防护设施的施工，不需要政府安全生产监督管理部门的审查；对职业病危害严重的建设项目，建设单位在委托职业卫生专家完成职业病防护设施设计专篇评审后，应当按照规定向安全生产监督管理部门提出建设项目职业病防护设施设计审查的申请，并提交建设项目职业病防护设施设计专篇、职业病防护设施设计专篇的评审意见等资料。

（3）工会的审查要点。

工会组织在接到建设单位报送的建设项目初步设计报告及安全专篇、建设项目安全预评价报告、职业病防护设施设计专篇及专家的评审意见后，应从职业安全卫生的角度提出意见。

对于煤矿建设项目的安全设施审查，应该重点审查煤矿水、火、瓦斯、煤尘、顶板等主要灾害防治措施是否符合规定；安全设施设计是否符合工程建设强制性标准、煤矿安全规程和行业技术规范；设施、设备、器材是否符合国家标准和行业标准。

对于非煤矿矿山建设项目、涉及危险化学品的建设项目、生产储存烟花爆竹的建设项目的安全设施审查，应该重点审查建设项目是否按照有关安全生产的法律、法规、规章和国家标准或者行业标准、技术规范的规定进行设计；是否采纳安全预评价报告中的安全对策和建议。

对职业病危害严重的建设项目，应参考职业卫生专家的评审意见，作出判断。工会中在安全生产监督管理部门职业卫生专家库中的成员，也可以代表工会对职业病防护设施设计专篇提出意见。

工会组织可委托工会劳动保护顾问、专家对建设项目初步设计报告及安全专篇、职业病防护设施设计专篇进行审查。工会应提出同意或者不同意的意见。

4. 竣工验收阶段的审查。

（1）安全设施验收。根据《安全生产法》规定，矿山建设项目和用于生产、储存危险物品的建设项目竣工投入生产或者使用前，应当由建设单位负责组织对安全设施进行验收；验收合格后，方可投入生产和使用。

国家矿山安全监察局要求，对煤矿建设项目、非煤矿矿山建设项目、涉及危险化学品的建设项目、生产储存烟花爆竹的建设项目竣工投入生产或者使用前，生产经营单位应当申请安全设施竣工验收。

关于煤矿建设项目。煤矿建设项目联合试运转正常后，应当由具有国家规定资质的安全中介机构进行安全验收评价。达到验收条件的，煤矿企业应当向煤矿安全监察机构提出书面申请，提交安全验收评价报告书等材料。

关于非煤矿矿山建设项目、涉及危险化学品的建设项目、生产储存烟花爆竹的建设项目。建设项目安全设施竣工或者试运行完成后，生产经营单位应当委托具有相应资质的安全评价机构对安全设施进行验收评价，并编制建设项目安全验收评价报告。项目竣工投入生产或者使用前，生产经营单位应当向安全生产监督管理部门申请安全设施竣工验收，并提交建设项目安全验收评价报告及其存在问题的整改确认材料等验收文件。

（2）职业病防护设施验收。

根据《职业病防治法》的规定，建设项目在竣工验收前，建设单位应当进行职业病危害控制效果评价。建设项目竣工验收时，其职业病防护设施经安全生产监督管理部门验收合格后，方可投入正式生产和使用。

卫生健康部门规定，建设项目试运行期间，建设单位应当对职业病防护设施运行的情况和工作场所的职业病危害因素进行监测，并委托具有相应资质的职业卫生技术服务机构进行职业病危害控制效果评价。建设项目没有进行试运行的，应当在其完工后委托具有相应资质的职业卫生技术服务机构进行职业病危害控制效果评价。建设单位在职业病危害控制效果评价报告编制完成后，应当组织有关职业卫生专家对职业病危害控制效果评价报告进行评审。

职业病危害一般的建设项目竣工验收时，由建设单位自行组织职业病防护设施的竣工验收；职业病危害较重或严重的建设项目竣工验收时，建设单位应当向安全生产监督管理部门提出申请，并提交建设项目职业病危害控制效果评价报告、职业卫生专家对职业病危害控制效果评价报告的审查意见等验收文件。

（3）工会验收审查要点。

根据卫生健康部门的规定，未要求政府部门对职业病危害一般的建设项目进行竣工验收的，建设单位可自行组织职业病防护设施的竣工验收。因此，地方或产业工会不参加职业病危害一般的建设项目的竣工验收，可由建设单位的工会履行工会的“三同时”验收审查职责。

对于应由政府验收审查的建设项目，地方或产业工会接到建设单位报送的建设项目安全验收评价报告、建设项目职业病危害控制效果评价报告、职业卫生专家对职业病危害控制效果评价报告的审查意见等验收文件后，可向企业行政、工会了解有关情况，也可以召开一线职工座谈会，直接了解一线职工对劳动安全卫生条件的反映。对建设项目职业卫生和安全设施存在的问题，工会应以书面形式向建设单位提出改进意见和建议，并要求建设单位作出书面答复。

对于煤矿建设项目，工会应该重点审查安全设施和安全条件是否符合设计要求；安全设施和安全条件是否满足正常生产和使用；是否按规定建立安全生产管理机构和配备安全生产管理人员；矿长和特种作业人员是否具备相应资格。

对于非煤矿矿山建设项目、涉及危险化学品的建设项目、生产储存烟花爆竹的建设项目，工会应该重点审查安全设施和安全生产条件是否符合有关安全生产法律、法规、规章和国家标准或者行业标准、技术规范规定；建设项目试运行期间存在的事故隐患是否得到整改；是否依法设置安全生产管理机构或者配备安全生产管理人员；职工是否经过安全教育培训。

对于职业病危害较重或严重的建设项目，工会应该参考职业卫生专家对职业病危害控制效果评价报告的审查意见，作出判断。工会中在安全生产监督管理部门职业卫生专家库中的成员，也可以代表工会对建设项目职业病危害控制效果评价报告提出意见。

工会组织可委托工会劳动保护顾问、专家对建设项目安全验收评价报告、职业病危害控制效果评价报告进行审查。工会应提出同意或者不同意的意见。工会组织对于挪用削减劳动安全卫生措施费用，不按批准的初步设计配套建设尘、毒治理和安全设施，造成职业病危害严重的建设项目，不应同意投产。对由于设计考虑不周或因施工质量不符合要求，在试生产中发现重大事故隐患或在现场监测中某些危害因素严重超标的建设项目，应采取补救措施，整改后方可同意投产。对由于目前技术水平有限，致使某种危害因素一时难以达到国家标准规定的要求的，可先行同意投产，并要求建设单位将此种危害因素的治理列入研究课题，加强现场监测，减少职工的工作时间，采用个体防护措施。

四、参加伤亡事故调查处理

参加伤亡事故的调查处理是工会劳动保护工作的重要内容，也是法律赋予工会的重要职责。

（一）工会参加伤亡事故调查处理

工会参加伤亡事故调查处理有法律依据。《工会法》规定：“职工因工伤亡事故和其他严重危害职工健康问题的调查处理，必须有工会参加。工会应当向有关部门提出处理意见，并有权要求追究直接负责的主管人员和有关责任人员的责任。对工会提出的意见，应当及时研究，给予答复。”《安全生产法》和《职业病防治法》也有相关的规定。

作为职工权益的代表者和维护者，工会在参加伤亡事故调查处理时要特别注意保护职工的合法权益。

1. 是否有瞒报、漏报事故的情况。

瞒报、漏报事故，一方面有可能使伤亡职工不能依法享受工伤保险待遇和遗漏用人单位应承担的民事赔偿；另一方面无法按照“四不放过”原则，防范同类事故的发生，从而可能使更多的职工受到同样的伤害。

2. 调查、分析事故原因和确定、处理事故责任者时，是否全面、公正。

在事故调查处理时，有时存在“领导干部层层有人保，职工的责任跑不掉”的现象。因此，工会在事故调查、分析事故原因时，既要分析导致事故的直接原因（人的不安全行为和物的不安全状态），更要分析存在的间接原因（管理缺陷）；在确定和处理事故责任者时，既要确定和处理事故的直接责任者（包括直接操作者和直接指挥者），也要确定和处理事故的间接责任者（包括负有领导责任的领导者和负有管理责任的管理人员）。只有这样，事故调查处理才比较全面、公正。

3. 职工是否依法获得工伤保险待遇和用人单位的民事赔偿。

《安全生产法》第五十六条规定：“因生产安全事故受到损害的从业人员，除依法享有工伤保险外，依照有关民事法律尚有获得赔偿的权利的，有权提出赔偿要求。”因此，在伤亡事故调查处理过程中，要调查了解用人单位是否依法履行了工伤保险责任。当用人单位违反了有关法律，侵害了职工的合法权益，受害人提出民事赔偿要求时，工会应当为职工提供必要的法律援助。

（二）伤亡事故的定义及分类

伤亡事故是指职工在工作时间和工作场所内，因设备和设施不安全、劳动条件和工作环境不良、管理不善等原因所发生的人身伤害和急性中毒事故。依据现行规定，伤亡事故按照职工所受伤害程度和伤亡人数可分为以下六类。

1. 轻伤事故：指损失 1 个工作日以上（含 1 个工作日）、

105个工作日以下的伤害。

2. 重伤事故：指损失105个工作日以上（含105个工作日）、最多不超过6000个工作日的伤害。

3. 一般事故：指一次死亡1—2人的事故。

4. 较大事故：指一次死亡3—9人的事故。

5. 重大事故：指一次死亡10—29人的事故。

6. 特别重大事故：指一次死亡30人以上（含30人）的事故。

（三）伤亡事故的统计、报告

伤亡事故发生后，企业负责人应按照我国现行法律法规的规定，立即向有关部门报告。坚决杜绝伤亡事故瞒报、漏报现象的发生。

认真做好伤亡事故统计、报告工作是加强工会劳动保护基础建设的一项重要内容，也是工会依法进行群众监督、有效行使工会参与劳动保护决策的重要依据。全国总工会对伤亡事故的统计、报告工作作出了明确的规定。

1. 发生重伤以上事故的企业、事业单位负责人和工会，应立即以快速方式向当地工会组织报告事故情况。报告内容包括：事故发生的时间、地点、单位及企业性质；事故简要经过、伤亡人数、直接经济损失的初步估计；事故发生原因的初步判断；事故发生后采取的措施及事故控制情况；事故报告人。当地工会接到事故报告后，应立即逐级上报至省（区、市）总工会。

2. 未组建工会的各类企业的伤亡事故统计、报告工作，由企业所在地工会负责。

3. 发生一次死亡3人以上的伤亡事故，省（区、市）总工会或产业工会的劳动保护部门须在事故发生24小时内用快速方式报全国总工会劳动和经济工作部。对一次死亡10人以上的伤亡事故，在事故调查结束后应及时将事故调查报告和工会参与事故调查情况等有关材料上报全国总工会劳动和经济工作部；事故结案后，应及时将事故结案报告和工会参与结案情况等有关材料上报全国总工会劳动和经济工作部。

4. 各级工会应建立职工伤亡事故统计、分析、报告制度，填写报表要认真、准确、内容齐全，经领导人审核并加盖公章。

（四）伤亡事故调查处理的分级负责

我国现行伤亡事故调查处理的分工主要是依据《生产安全事故报告和调查处理条例》以及《国务院关于特大安全事故行政责任追究的规定》，按一般事故、较大事故、重大事故、特别重大事故采取分级负责、属地管理的原则。目前，特别重大事故由国务院组织调查，重大事故由省级人民政府组织调查，较大事故由市级人民政府组织调查，一般事故由区县人民政府组织调查。

（五）伤亡事故调查处理的原则

事故调查处理应当坚持实事求是、尊重科学的原则，坚持“四不放过”的原则。在实际工作中应当做到科学严谨、依法依规、实事求是、注重实效。

事故调查处理是专业性、技术性、政策性高度统一的工作，要保证对事故进行客观、公正的处理，必须坚持尊重科学的原则。一是要有科学的态度，重调查分析，重充分论证，运用实践经验和专业知识，进行科学思维，找出事故的因果关系，不盲目判定和下结论。二是要有科学的方法，如通常采用的现场分析法、个体调查法、会议讨论法等，通过这些科学方法的综合运用，来保证对事故的现场勘察、调查取证、论证分析的完整性、真实性。三是要有科学的技术手段，在事故调查处理过程中，有的事故原因比较简单直观，有的则非常复杂，需要依据科学技术手段，对事故现象进行分析，必要时要借助科学手段进行模拟试验，以得出准确的结论。

我国先后制定并颁布了一系列劳动安全卫生方面的法律、法规和标准，在查处事故的过程中，必须严肃认真地遵照这些法律、法规，以这些法律、法规为准绳，避免有法不依、执法不严的随意性。特别是查处一些重大责任事故，涉及事故性质的认定、有关责任者的责任划分和处理意见的决定等，都必须做到以法律为依据，客观、公正地处理。

任何事故的发生都有其内在的必然性，有其外部因素和条件。首先，要从实际出发，公正、客观、全面地对事故的全过程进行深入调查，掌握大量的第一手材料；其次，在事故调查处理过程中，要防止当事人推卸责任，弄虚作假，大事化小，做假证或嫁祸他人；最后，要杜绝以主观想象或个人意愿来判定事故性质、原因及责任者。一切结论都要在全面的调查取证和充分的论证之后，以事实为依据，客观、公正地作出。

事故调查的结论对防范今后类似事故应有所帮助，事故调查组要根据事故的原因分析，提出整改措施。整改措施应从生产工艺、操作流程、工人培训、企业安全管理等方面提出要求。对于一些事故，还应提出完善国家或行业标准、改进政府监管等方面的具体建议。通过事故调查组提出的具有针对性和可操作性的整改措施，从而达到防止和减少生产安全事故的实际效果。

（六）事故责任追究

目前，我国生产安全事故责任主要分三大类：一是承担刑事责任；二是承担行政责任；三是承担民事责任。

1. 刑事责任。

刑事责任是指触犯国家刑事法律规定的犯罪行为所应当承担的法律后果。

要承担刑事责任的事故犯罪多以重大责任事故犯罪为主。

重大责任事故犯罪有狭义和广义之分。狭义的重大责任事故罪是指《刑法》第一百三十四条规定的内容。对于广义的重大责任事故罪，理论界观点不一，多数学者认为就是《刑法》第一百三十四条至第一百三十九条规定的“重大责任事故犯罪”或“重大责任事故的犯罪”，主要包括重大责任事故罪（《刑法》第一百三十四条）、重大劳动安全事故罪（《刑法》第一百三十五条）、危险物品肇事罪（《刑法》第一百三十六条）、工程重大安全事故罪（《刑法》第一百三十七条）、教育设施重大安全事故罪（《刑法》第一百三十八条）、消防责任事故罪（《刑法》第一百三十九条）六条罪名；另外一种观点是，除上述六条罪名外，重大责任事故犯罪还包括重大飞行事故罪（《刑法》第一百三十一条）、铁路运营安全事故罪（《刑法》第一百三十二条）、交通肇事罪（《刑法》第一百三十三条），以及玩忽职守罪、监管失职罪等。对这些犯罪，《刑法》对责任者所要负的刑事责任都作出了明确的规定，如《刑法》第一百三十五条规定的重大劳动安全事故罪：“安全生产设施或者安全生产条件不符合国家规定，因而发生重大伤亡事故或者造成其他严重后果的，对直接负责的主管人员和其他直接责任人员，处三年以下有期徒刑或者拘役；情节特别恶劣的，处三年以上七年以下有期徒刑。”

2. 行政责任。

承担行政责任分为两类，即接受行政处分和行政处罚。

行政处分是对国家工作人员及由国家机关委派到企业事业单位任职的人员的行政违法行为由所在单位或者其上级主管机关所给予的一种制裁性处理。按照《行政监察法》及国务院的有关规定，行政处分的种类包括警告、记过、降级、降职、撤职、开除等。

行政处罚是指国家行政机关及其他依法可以实施行政处罚

权的组织，对违反法律、法规、规章但尚不构成犯罪的公民、法人及其他组织实施的一种制裁行为或处罚。行政处罚是追究行政责任的主要方式和适用最广的一种形式。根据我国《行政处罚法》的规定，行政处罚主要有以下几种：警告、通报批评；罚款、没收违法所得、没收非法财物；暂扣许可证件、降低资质等级、吊销许可证件；限制开展生产经营活动、责令停产停业、责令关闭、限制从业；行政拘留；法律、行政法规规定的其他行政处罚。

3. 民事责任。

民事责任是民事法律责任的简称。追究民事责任是保护民事权利的重要法律措施。

生产经营单位发生生产安全事故造成人员伤亡、他人财产损失的，应当依法承担民事责任。根据《安全生产法》第一百一十六条的规定，生产经营单位发生生产安全事故造成人员伤亡、他人财产损失的，应当依法承担赔偿责任。这是生产经营单位依法应当承担的损害赔偿的民事责任。

因生产安全事故或职业病受到损害的从业人员，除依法享有工伤保险外，依照有关民事法律尚有获得赔偿的权利的，有权向本单位提出赔偿要求。依照《安全生产法》、《职业病防治法》的规定，生产经营单位（用人单位）必须依法参加工伤保险。我国目前工伤保险的主要法律法规是《社会保险法》和《工伤保险条例》。《工伤保险条例》规定："中华人民共和国境内的企业、事业单位、社会团体、民办非企业单位、基金会、律师事务所、会计师事务所等组织的职工和个体工商户的雇工，均有依照本条例的规定享受工伤保险待遇的权利。"该条例还规定，各类企业、事业单位、社会团体、民办非企业单位、基金会、律师事务所、会计师事务所等组织和有雇工的个体工商户应当依照条例规定参加工伤保险，为本单位全部职工或者雇工缴纳工伤保险费。由工伤保险费等构成工伤保险基金，实行社会统筹，用于对工伤职工或者职业病患者提供医疗救治和经济补偿。实施工伤保险，使工伤职工诊疗康复费用及有关社会保障可以得到相当程度的解决，但是，在特定的情况下也还有可能难以完全补偿因生产安全事故所受到的损害。因此，《安全生产法》规定，因生产安全事故受到损害的从业人员，除依法享有工伤保险外，依照有关民事法律尚有获得赔偿的权利的，有权提出赔偿要求。这时，因生产安全事故受到损害的从业人员就有权依照有关民事法律的规定，要求生产经营单位进行赔偿。

五、开展预防事故及职业病危害的各种群众性活动

针对企业生产中存在的事故隐患和职业病危害，发动、组织广大职工群众广泛开展各种卓有成效的预防事故和职业病危害的活动，是工会劳动保护工作的一项重要任务。

（一）发动、组织广大职工开展广泛的群众性“反违章”、“查隐患、堵漏洞、排险情”安全活动

在活动中，要提倡职工从本岗位做起，从“我”做起。这是群策群力搞好劳动保护、安全生产的有效措施，也是群防群治、预防为主的具体体现。

（二）发动、组织职工群众开展各种形式的安全竞赛

实践证明，开展安全竞赛是依靠群众搞好劳动保护、安全生产的好形式。各级工会所组织的各种安全竞赛，如“安康杯”竞赛、百日安全竞赛、班组安全竞赛、反违章竞赛、专业工种安全竞赛等，都取得了较好的效果。特别是20世纪90年代以来由全国总工会、国家安全生产监督管理总局等单位共同组织领导的全国性的“安康杯”竞赛，在动员全国职工群众参与劳动保护、安全生产，预防事故及职业病，保障职工安全与健康方面取得很好的效果。这类有益于安全生产的竞赛，要形

成制度，坚持下去。在企业中，应当把安全竞赛的评比表彰，与职工个人的经济利益、晋级奖励挂起钩来。

（三）发动、组织职工群众直接参加整治事故隐患及改善劳动条件

这也是一项重要的群众劳动保护工作。例如，围绕本企业、本车间或本岗位存在的事故隐患、尘毒危害等，开展群众性的技术革新和合理化建议活动，组织各方面有技术专长的人员，集中职工的智慧和才能，进行项目攻关，帮助企业行政改善劳动保护设施，解决一些“老大难”问题等。企业工会应当建立事故隐患及职业病危害的跟踪监督整改制度，不断促进企业行政下决心搞好整改。

（四）班组安全建设

班组是企业最基层的生产组织，是生产经营任务的直接完成者，是企业实现安全生产的基础。因此，将企业的安全管理有效地渗透到班组的安全建设中，是大幅度降低企业的伤亡事故、实现企业安全生产的关键。直接从事生产的人和物（机械设备、物料等）绝大多数都在班组。据统计，在伤亡事故中，90%以上的事故发生在班组，80%以上的事故是由于违章指挥、违章作业和设备隐患没能及时发现、消除等因素造成的。因此在既定的经济、技术条件下，加强班组安全建设，是减少各类伤亡事故最切实、最有效的办法。同时，班组安全建设，也是工会发动职工群众参与企业安全管理，并将党和国家安全生产方针落实到基层、生产现场的有效办法。

1. 班组安全建设的目标。

班组安全建设的目标是，把党和国家的劳动保护、安全生产方针政策、法律法规和企业的规章制度落实到班组；在保障职工安全健康的前提下组织生产劳动；健全安全生产责任制，实行安全生产目标管理；逐步实现标准化、规范化、制度化；

杜绝重大人身伤亡、中毒、火灾、爆炸和设备等事故，向“事故为零”进军。

2. 班组安全管理的原则。

班组劳动保护民主管理主要通过工会小组长组织工会小组劳动保护检查员、职工代表以及发动班组所有成员共同参与来实施。

班组安全管理的原则主要包括以下三个方面。

（1）目的性原则。根据班组工作现场和人员的实际情况，有的放矢地实行安全管理，达到保障职工安全与健康的目的。

（2）民主性原则。充分发挥工会小组劳动保护检查员的作用，发动、组织班组全体成员参与班组安全管理，调动班组每个成员的积极性，大家一起共同搞好班组安全建设。

（3）实效性原则。不搞“花架子”，一切从实际出发，做实事，求实效。

3. 班组劳动安全卫生管理的基本内容。

（1）建立健全班组安全生产的各项规章制度。安全生产规章制度是班组安全管理的重要依据，是班组每一个成员必须遵守的行为准则。班组的规章制度一部分由企业（车间）制定，一部分由班组根据本班组的实际情况制定，并由企业有关安全管理部门审批后执行。班组的规章制度主要有安全生产责任制、安全技术操作规程、工艺规程、安全检查制度、安全教育制度、安全奖惩制度等。

（2）安全目标管理。为了发挥班组安全目标管理的功能，实现企业安全生产经营目标的良性循环，必须注重安全目标的制定、分解、实施、考核、保证五个环节。安全目标的制定要切合实际，要在企业总体目标的指导下，形成个人向班组、班组向分厂、分厂向企业负责的层次管理；安全目标的分解要着重于展开、逐个落实，使企业、分厂对班组的各项安全管理工作都能够简便化、统一化、正规化地展开，对具体目标要做到数据化；目标确定、分解后，就必须着重加强班组成员的责任感，激发他们潜在的积极性、主动性、创造性，努力实现班组安全管理方法的科学化、内容规范化、基础工作制度化；安全目标的考核要和安全责任制挂钩，避免考核时重“硬”轻“软”的倾向，更不能以“硬”指标掩盖或取代“软”指标；班组必须有确定的安全保证体系，即组织网络保证、物质措施保证等。班组安全目标管理是整个班组安全建设中的重要组成部分，只有实现班组安全目标，企业的安全基础才能夯实。

（3）开展班组安全检查。班组安全检查的目的是通过班组成员检查、发现和查明各种危险和隐患，并采取措施整改和防范，杜绝或减少人的不安全行为与物的不安全状态，保证安全生产。

班组安全检查的形式很多，最常见的是“一班三检”制。所谓“一班三检”，就是班前、班中、班后进行安全检查。班前检查重点是设备、工具和作业环境及个人防护用品的穿戴；班中检查重点是设备运行状况和纠正违章行为；班后检查重点是工作现场，不能给下一个班留下隐患。

班组安全检查的另一个常见形式是定期安全检查，它主要由班长、工会小组劳动保护检查员、安全员参加，对本班组安全生产状况进行检查。对检查出来的问题，应制定相应的整改办法。班组可以整改的，要自行及时整改；班组不能整改的，要及时向上级有关部门、工会组织反映，并督促解决。

（4）安全教育与训练。班组安全教育包括对新工人入厂时的三级安全教育和经常性的安全教育。班组安全教育与训练的目的是使班组每一个成员掌握基本的安全与卫生知识，提高班组每一个成员的安全意识和技能。安全意识和技能只有经过反复的教育与训练才能养成，因此要经常对班组成员进行安全教育与训练。班组安全教育的主要内容包括：安全责任制教育、安全生产方针教育、安全法规教育、事故案例教育、安全技术和工业卫生知识教育、安全意识与技能训练等。在班组更要重视安全技能的实际训练。

（5）班组标准化作业。防止人的不安全行为和物的不安全状态，有效的途径是大力推行班组标准化作业，逐步达到作业程序标准化、生产操作标准化、生产设备标准化、安全设施标准化、作业环境标准化、工具摆放标准化、安全用语标准化、劳动防护用品使用标准化、安全标识标准化等。

所谓标准化作业，就是在对作业系统调查分析的基础上，将现行作业方法的每一操作程序和每一动作进行分解，以科学技术、规章制度和实践经验为依据，以安全、质量、效益为目标，对作业过程进行改善，从而形成一种优化作业程序，逐步达到安全、准确、高效、省力的作业效果。班组作业标准化是预防事故、确保安全的基础，它能够有效地控制人的不安全行为，尤其能够控制"三违"现象的产生。班组标准化作业把企业各项安全要求优化为"管理标准、技术标准、工作标准"，把人的行为限制在动作标准之中，从根本上控制违章作业，特别是习惯性违章作业，保证班组人员上标准岗、干标准活、交标准班，从而制约了侥幸心理、冒险蛮干的不良现象。

（6）建立班组安全原始记录和台账。班组安全原始记录和台账是班组安全状况的第一手材料，是企业安全信息控制与反馈的基础，必须认真、及时、准确，要坚决杜绝弄虚作假。

原始记录的内容可以根据企业生产特点规定，如各类型事故（包括未遂事故）简况、分析和处理情况记录；安全检查记录及事故隐患、职业病危害整改记录；职工违章记录；安全日活动记录；安全教育培训记录；合理化建议及处理情况记录等。

班组安全管理台账是分类汇总原始记录和经初步统计分析的资料表格或账册，其内容可根据企业和班组的需要而定。

4. 班组安全活动。

为推动班组安全建设工作的开展，班组可以结合本企业、本班组的实际情况，开展一些行之有效的活动。如安全碰头会、创建安全合格班组活动、安全活动日、文明生产活动（“5S”活动）、危险预知训练活动（KYT 活动）、百日安全无事故活动、排除不安全因素活动、安全合理化建议活动等。

（1）安全碰头会。安全碰头会是目前企业中运用最为普遍的一种班组安全活动方式。每个班组利用班前、班中、班后(可以和班前会、班后会结合起来)，在工作现场，利用很短时间，互相讨论作业的安全要点，检查布置有关安全事项。实践表明，这项活动对遵守规章制度、提高安全意识，具有明显效果。

（2）创建安全合格班组活动。创建安全合格班组，是开展班组安全建设的一个好方法。从近十几年来的实践看，创建安全合格班组活动可以大大推动企业班组安全建设。安全合格班组一般分为：安全合格班组、安全先进班组。这个活动可以是以车间为单位，也可以是以厂（公司）为单位开展。安全合格班组、安全先进班组的条件要制定得合理、科学，要有明确的目标，要有考核验收的标准。

（3）安全活动日。根据企业、车间、岗位的性质和劳动生产的危险程度，班组安全活动日可以安排 1 次/周、1 次/10 天或 1 次/2 周。安全活动日的方式和内容也应当根据企业、车间、岗位的实际情况确定，灵活多样。可以安排事故案例分析、安全知识讲授与安全技能训练、排查与整治事故隐患，还可以看有关展览、录像、电影，参加有关安全宣传活动等。

（4）文明生产活动（“5S”活动）。“5S”起源于日本，是指整理、整顿、清扫、清洁、素养。因为这5个词日语中罗马拼音的第一个字母均为S，所以也称“5S”活动。这一活动旨在创造一个文明、安全的工作环境，其主要内容是：

整理——整理班组内的有用品，清除无用品，保证安全通道；

整顿——改善工具和备用品的保管方法，保持材料和成品的堆放秩序，物品摆放有固定的地点和区域，摆放的物品有明确标识；

清扫——清除生产中的脏物、污染物，营造一个整洁、明快、舒适的作业环境；

清洁——保持作业现场的整洁，保持设备的清洁，保持着装的整洁；

素养——人人按章操作，养成良好的习惯，不断发现问题，不断解决问题，持续提高作业现场的管理水平。

（5）危险预知训练活动（KYT活动）。危险预知训练活动即KYT活动，这种活动在日本班组中开展得较为普遍，而且效果很好。这一活动一般分成四个环节，先由班长准备插图、黑板等，并规定各环节的思考时间。第一个环节要求每一个人在插图中找出几个隐患，并进行讨论；第二个环节要求大家在隐患中找出危险因素，确定主要危险因素，确定重点危险因素；第三个环节提出具体可行的解决方法，即提出具体的措施；第四个环节确定目标，制订行动计划。如果有条件，还可以根据行动计划进行实际演练。班长准备的插图可以是假想的，也可以是当天要从事的某项具体工作中危险性大的操作，通过反复讨论（及演练）可以提醒班组作业者早期发现危险因素并及时采取措施，以避免事故的发生。

六、劳动保护教育培训

劳动保护教育培训是预防事故和职业病的三项基本对策之一，工会应当组织、开展劳动保护教育培训。

（一）劳动保护教育培训的目的和特点

1. 劳动保护教育培训的目的。

劳动保护教育培训是劳动保护工作的重要组成部分，定期进行劳动保护教育培训，其目的是使广大工会劳动保护干部掌握国家有关劳动安全卫生的法律法规和政策，正确认识做好工会劳动保护工作的重要性，提高专业水平和维护职工安全健康权益的能力；使广大职工群众熟悉国家有关劳动安全卫生的法律、法规、政策以及企业有关安全生产规章制度，知道自己在安全生产中享有的权利和应履行的义务，不断提高安全素质，做到自觉遵章守纪，最大限度地减少伤亡事故的发生。

2. 劳动保护教育培训的特点。

劳动保护教育培训不同于一般教育，它具有以下几个特点。

（1）长期性和艰巨性。劳动保护教育培训工作不是一件一朝一夕就能够完成的事情。由于安全生产形势的严峻性和生产条件的不断变化和发展，工会劳动保护干部的政策水平、专业水平以及职工安全素质的提高不可能一蹴而就，加之人员的不断更替，安全生产法制建设不断完善，安全生产新技术、新知识不断出现，决定了劳动保护教育培训的长期性和艰巨性。

（2）广泛性和实践性。在生产经营单位中，任何人员都需要接受劳动保护教育培训，都要把安全放在第一位，因为任何一个人都有发生事故的可能性。因此，进行劳动保护教育培训，必须是全员的、全方位的。劳动保护教育培训的效果要通过实践来检验，因此，必须理论联系实际，根据各地、各单位的实际情况制订相应的培训方案。

（3）专业性和科学性。劳动保护是一门专业性很强的学科，其内容涉及自然科学、社会科学的多门学科。劳动保护教育培训有其自己基本的理论、独特的内容和区别于其他教育的方式方法。

（4）时间性和有效性。在劳动保护教育培训的时间性上，什么时候教育效果最好，也有其内在的规律性。实践证明，在下述时机进行教育，将会收到事半功倍的效果：新从业人员进厂的时候；员工调岗的时候；时令季节变换的时候；逢年过节的时候；员工休假回厂的时候；员工受伤复工的时候；生产任务下达的时候；重大政策、法规出台的时候；运用新材料、新设备、新工艺、新技术、新产品的时候；作业现场发生险情的时候；员工碰到重大困难的时候；安全检查发现问题的时候；发生工伤事故的时候；进行工作总结评比的时候等。

（二）劳动保护教育培训的对象和内容

工会劳动保护教育培训的对象是各级工会劳动保护干部和广大企业职工。工会可以独立开展劳动保护教育培训，也可以会同行政联合开展此项工作。

工会劳动保护干部教育培训的主要内容是国家有关劳动安全卫生的法律、法规、标准和政策，工会劳动保护监督检查三个《条例》，劳动安全卫生专业知识，工会工作基本理论和业务知识等。

职工劳动保护教育培训的主要内容是国家有关劳动安全卫生的法律、法规、标准和政策，企业劳动安全卫生规章制度，职工在企业劳动安全卫生工作中享有的权利和应尽的义务，职工如何维护安全健康合法权益等。

企业工会除了独立开展职工劳动保护教育培训外，还要监督和协助企业行政进行新工人三级安全教育、特种作业人员安全培训、“四新”教育和经常性教育。新工人的三级安全教育包括厂级教育、车间级教育和岗位级教育。

此外，还应对广大职工进行经常性的安全教育。因为经过安全教育已经掌握了的知识、技能，如果不经常使用就会逐渐淡忘；随着生产技术的进步和生产状况的变化，安全知识、操作技能需要不断更新提高；已经建立起来的对安全工作的高度重视，随着时间的推移会逐渐淡漠；在生产任务紧急的情况下，已经树立起来的“安全第一”思想可能发生动摇，安全态度会发生变化。因此，开展职工的经常性安全教育十分重要。

概而言之，劳动保护教育培训的内容主要包括以下四个方面。

1. 培育和提高广大职工的劳动安全卫生意识和自我保护意识，提高他们的安全生产自觉性和责任心。

2. 帮助职工增强法制观念，了解自己享有的各项劳动安全卫生权利与义务，依法维护自身的合法权益。

3. 提高职工的劳动安全卫生技术技能，包括掌握基本生产技术知识、基本安全技术知识、专业安全技术知识、劳动卫生技术知识、急救和避险知识与技能等。

4. 普及安全管理基础知识，提高职工参与企业安全卫生工作的监督、管理能力。

（三）劳动保护教育培训的方法

根据课程的需要及参训人员的不同，选择不同的培训方法。一般来说，最好选择讲解、交流、与实践相结合的互动式的教学方法，以加强参训者与培训者之间、参训者之间的沟通和了解，增强培训效果。培训方法一般有以下几种。

1. 讲授。这是一种有计划、系统地进行劳动保护教育培训的传统方式，讲授者用通俗易懂的语言向受训者口头讲授相关的培训内容。

2. 多媒体教学。利用计算机将教学内容制成多媒体幻灯片进行辅助教学。

3. 演示。包括利用各种实物或其他直观感性材料，如板报、录像、电视、VCD 等，使受训者获得有关培训内容的感性认识。

4. 参观。组织和指导受训者到生产现场参观学习，加深印象。

5. 讨论。学员根据培训者提出的问题，分组讨论，交流想法，加深对知识的认识和理解。

6. 宣传。将安全生产工作中的好人好事、先进安全技术、事故现场及伤亡者的惨状和损失程度等，用图片、照片、实物等集中起来进行展览，进行正反实例对比的宣传教育。

7. 演练。对于一些操作性强的培训内容，如灭火器材的使用，对触电者、溺水者的急救等，有条件时应组织进行演练，以提高实际技能。

（四）教育培训应注意的几个问题

劳动保护教育培训工作是一项复杂的系统工程，必须适应市场经济发展的变化，不断更新培训理念，由原来的行政计划方式向满足企业和职工的需求方式转变，由传统的、落后的教学框架和模式向多样化、先进的教学方法转变。在教育培训工作中要特别注意以下几个问题。

一是培训内容要突出针对性。安全教育的内容广泛，在有限的教学活动里，只能集中精力解决一两个突出问题。面面俱到、眉毛胡子一把抓，是很难收到良好效果的。

二是培训形式要突出灵活性。安全教育形式要多样化，灵活安排，避免单一形式。要因地制宜，可采取黑板报、幻灯录像、安全知识竞赛等多种形式和渠道进行教育。

三是事例要突出典型性。安全教育少不了列举事故案例，要注意改变案例只讲远、不讲近，只讲大、不讲小，一个案例讲半天的状况。要根据教育内容，精心选择具有普遍性和代表性、能引起职工警觉的案例。

四是培训效果要扎实有效。为了使安全工作扎实有效地开展下去，就必须结合实际，安全教育工作的内容要实实在在，切忌空话连篇、言之无物，要根据成人教育的特点，采用启发式的教学方法，鼓励学员提问，组织学员讨论，达到事半功倍的效果。

第三节　工会劳动保护工作方法和载体

经过长期探索和实践，各级工会在开展劳动保护监督检查工作中，创造了很多行之有效的群众性劳动保护监督检查工作方法和载体，提高了工会劳动保护工作的成效和水平。总结推广这些工作方法和载体，有助于进一步提高工会劳动保护工作的整体水平。

一、“安康杯”竞赛活动

“安康杯”竞赛活动是由全国总工会、应急管理部和国家卫健委等单位共同开展的一项群众性安全生产活动。“安康杯”是取“安全”和“健康”之意而设立的职业安全卫生工作荣誉奖杯。“安康杯”竞赛，顾名思义，就是把竞争机制、奖励机制、激励机制应用于安全生产和职业病防治活动中的群众性“安全”和“健康”竞赛，它是社会主义劳动竞赛在安全生产和职业卫生领域中的具体实践和延伸。

（一）“安康杯”竞赛活动的由来

“安康杯”竞赛活动是20世纪80年代中期由内蒙古包头市总工会等单位发起的，在实践中不断完善并逐步在内蒙古自治区全区推开的群众性安全生产活动。内蒙古自治区在全区开展

“安康杯”竞赛活动期间，安全生产状况逐年改善，工伤事故连年下降，成效十分显著，引起广泛关注。1999 年，全国总工会与原国家经贸委对内蒙古自治区开展的“安康杯”竞赛活动进行调研总结，并在进一步完善和充实活动内容的基础上在全国逐步推开。截至 2022 年底，该项活动已在全国连续开展了 24 年。

（二）“安康杯”竞赛活动的主要内容

“安康杯”竞赛活动是通过赛安全卫生管理、领导者的安全生产和职业病防治意识、职工安全卫生知识水平和能力、安全生产和职业卫生各项指标等方式，不断推进企事业单位的劳动安全卫生工作和安全文化建设，全面提高职工安全生产意识和应急处置能力，最终达到降低生产安全事故和职业病发病率的目的。“安康杯”竞赛包括健全的竞赛组织机构、规范的竞赛制度、丰富的群众性安全生产和职业病防治活动等内容。

1. 健全竞赛组织机构。

各级“安康杯”竞赛组委会在组织开展竞赛活动时，要有计划、部署、方案、组织、检查、评比、表彰、奖励。

2. 落实企业安全生产主体责任。

企业职业安全卫生管理是“安康杯”竞赛的一项重要内容。按照竞赛考核要求，参赛企业的安全卫生管理机构要健全，有专、兼职安全卫生人员并形成网络；将安全生产与职业卫生管理工作纳入企业目标责任制考核；安全卫生规章制度健全，工作现场符合安全卫生标准，开展竞赛活动有计划、有方案；个人劳动防护用品和安全设备符合标准，配备齐全等。

3. 开展群众性安全生产和职业病防治活动。

全国“安康杯”竞赛组委会每两年确定一个“安康杯”竞赛主题，各参赛单位围绕主题广泛组织开展活动，主要包括以下内容。

（1）积极开展以“十个一”活动为主要内容的安全文化系列活动。“十个一”活动，即查一起事故隐患、纠正一次违章行为、提一条合理化建议、当一天安全员、做一件预防事故的实事、忆一次事故教训、读一本安全生产的书、接受一次安全生产培训、举办一次安全生产法律法规知识讲座、搞一次安全生产宣传活动。各级竞赛组委会可根据“安康杯”竞赛活动的群众性、竞赛性特点，创新“十个一”活动内容和形式，亦可通过组织职工开展演讲比赛、安全生产知识竞赛、安全技能培训比赛、事故案例教育会、家属座谈会、百日安全无事故竞赛等系列活动，营造“人人讲安全，事事讲安全，时时讲安全”的安全文化氛围。

（2）大力开展班组安全建设活动。通过班组日常教育、温情教育和警示教育等，在容易发生事故和职业危害严重的岗位、工种、人员中广泛开展安全卫生宣传教育活动，最大限度地减少“三违”现象。组织开展班组安全卫生技能培训、安全生产和职业卫生合理化建议、安全卫生管理优秀成果展示等活动，推进班组安全卫生管理标准化、规范化和科学化。

（3）广泛组织开展隐患排查活动。组织动员广大职工从本职岗位做起，从自身做起，深入开展“查身边隐患、保职工安康、促企业发展”和“安全隐患随手拍”等群众性隐患排查活动，全面排查消除各类隐患，努力防范和遏制各类事故。建立企业重大隐患治理情况向负有安全生产监督管理职责的部门和企业职代会“双报告”制度，形成自查、自改、自报闭环管理体系，实现安全生产和职业卫生隐患排查治理工作的常态化、制度化、规范化。

（4）强化职工劳动安全卫生知识培训。深入宣传和贯彻落实《劳动法》、《工会法》、《安全生产法》、《职业病防治法》等相关法律法规和政策文件。加强职工的安全健康知识普及工作，把高危行业、职业病危害因素较重的岗位人群作为重点培训对象，针对不同岗位、不同工种的职工，科学设置培训内容，确保有效提高职工的安全卫生意识和技能水平。结合全国“安全生产月”和《职业病防治法》宣传周等主题活动，广泛开展形式多样的安全生产和职业病防治宣传教育活动。

（5）积极推进企业安全文化建设。以树立安全发展理念，弘扬人民至上、生命至上的思想为核心，以创建安全文化体系、完善安全生产责任制和规范员工操作行为为手段，引导企业营造“人人讲安全、事事重安全、处处保安全”的安全生产环境；把安全文化建设融入企业整体文化建设中，把先进的安全生产理念、科学的安全管理方法、实用的安全操作技能、优秀的安全生产文化送到企业；推动企业通过学习和借鉴国际、国内先进安全管理思想和安全文化理论，加以总结提炼，持续改进；逐步形成上下齐心、知行合一的安全文化，推动企业安全健康和谐发展。

4. 加强工会劳动保护监督检查。

认真贯彻落实工会劳动保护监督检查三个《条例》，健全工会劳动保护监督检查网络，发动广大职工开展群众性劳动保护监督检查，及时发现隐患，报告险情，督促整改。

5. 未发生一般及以上生产安全事故、群体性或产生恶劣影响职业病危害事件，是全国“安康杯”竞赛考核评比的重要内容之一。

（三）“安康杯”竞赛活动表彰

全国“安康杯”竞赛活动每两年表彰一次。共设置先进集体和优秀个人两个奖项。其中，先进集体包括优胜单位、优胜班组和优秀组织单位。名额分配和表彰名额根据各省（区、市）、全国产业工会、行业协会的企事业参赛规模、职工参赛数量、行业地域差异、竞赛活动质量和效果等因素，经全国“安康杯”竞赛组委会成员单位研究确定。

表彰对象应自下而上、层层选拔产生，评选工作严格执行“两审两公示”程序，即实行初审、复审及省级、产业工会、协会和全国两级公示。初审由省级“安康杯”竞赛组委会负责审核，复审由全国“安康杯”竞赛组委会成员单位组成的复审小组进行审核。

全国“安康杯”竞赛活动优胜单位、优胜班组不重复授予，优秀组织单位、优秀个人可重复授予。已获得过优胜单位、优胜班组的单位，要继续参加竞赛活动，经考核评定为优秀的，继续保持荣誉，未继续参加竞赛活动或考核不达标的，取消其荣誉称号。

二、劳动安全卫生专项集体合同

（一）劳动安全卫生专项集体合同的主要内容

劳动安全卫生专项集体合同内容主要包括：劳动安全卫生组织机构和规章制度建设；劳动安全卫生责任；劳动条件（包括职业危害告知）、防护措施和安全投入；安全技术规程；劳动安全卫生教育培训制度；劳动保护用品的发放、维护和使用标准；定期健康检查和职业健康监护；事故应急救援；女职工和未成年工的特殊保护；休息和休假；群众监督；合同的变更、解除和终止条款；履约监督和违约责任；集体合同争议处理的条款；双方首席代表签字；人力资源和社会保障部门的审查意见；合同生效日期、有效期限；向全体人员公布及方式等。

（二）劳动安全卫生专项集体合同的签订程序

1. 职工代表大会审议通过劳动安全卫生专项集体合同草案。

（1）职代会审议中要把握的几个原则。

①合法的原则。审查合同内容是否符合国家和地方法律法

规和有关政策规定，不能与之相抵触。审查协商过程以及协商形式是否合法。

②充分体现职工意愿的原则。合同必须真正代表多数职工正当的具体利益要求。不能无视职工应当享有的合法权益，不能迫使职工接受企业方提出的单边条件。

③坚持双赢目标的原则。职代会审议合同时不仅要考虑职工的利益，同时也要兼顾国家、企业其他方面的利益，正确对待各方面的利益关系，把职工的合理要求和企业的实际承受能力结合起来，使双方在协商过程中共同受益。

（2）职代会审议的程序。

工会在组织职工代表审议集体合同草案时应按照以下程序进行。

①审议前的准备工作。工会要在职代会前一周将劳动安全卫生专项集体合同草案发到全体职工代表手中，使之提前熟悉和研究合同草案的内容，并听取所在单位职工的意见，事先准备好修改意见。

②向职代会报告。说明劳动安全卫生专项集体合同的产生过程，合同草案的内容及其制定的依据，进行协商的情况。

③组织职工代表讨论。请职工代表进一步修改和完善劳动安全卫生专项集体合同草案。

④职代会表决通过。在审议合同草案的基础上，职代会以无记名投票方式对劳动安全卫生专项集体合同草案进行表决。职代会应当有三分之二以上的职工代表或者职工出席，且须经全体职工代表半数以上或者全体职工半数以上同意，劳动安全卫生专项集体合同草案方获通过。

2. 劳动安全卫生专项集体合同的签字、备案和公布。

劳动安全卫生专项集体合同的签字、备案和公布必须履行法定程序。

（1）劳动安全卫生专项集体合同草案经职代会表决通过后，工会主席代表职工与企业方的首席代表在劳动安全卫生专项集体合同文本上签字。

（2）自签字之日起10日内，工会方要积极协助企业方将劳动安全卫生专项集体合同文本一式三份报送劳动保障行政部门，尤其对合同签约主体资格、合同内容、签订程序进行合法性的审查备案，在15日内未提出异议的即行生效。如果劳动保障行政部门提出异议，工会方要积极会同企业方按照协商和签约的程序规定，对异议部分依法进行修改后重新报送劳动保障行政部门审查备案。

（3）从劳动安全卫生专项集体合同生效之日起，工会应当以适当的形式向全体职工公布，让每个职工熟知其中的内容，行使好自己的权利，履行好自己的义务。

（三）劳动安全卫生专项集体合同的监督检查

开展平等协商、签订和履行劳动安全卫生专项集体合同是一个有机整体。集体合同的监督检查要贯穿于集体合同工作的整个过程。

监督检查的内容包括合同签订过程中的监督检查和合同履行过程中的监督检查。重点是检查签订集体合同的情况，强化履约监督，追究违约责任。

监督检查可分为企业内部的监督检查和外部的监督检查，两者主体不同。企业内部的监督检查主体是企业行政、工会和职工。企业外部的监督检查主体是政府的劳动保障部门，以及与之相应的劳动法律执法检查和集体合同监督检查组织。

应建立健全监督检查组织制度和工作制度、履约责任制；整改反馈制、责任追究制等。

每年应至少进行一次专门的劳动安全卫生专项集体合同的履约检查，每年向职代会报告合同履约情况。

三、事故隐患报告书和限期整改通知书

事故隐患报告书和限期整改通知书是按照全国总工会关于事故隐患建档跟踪整改工作的要求，制定的《事故隐患报告书》、《事故隐患限期整改通知书》，即“两书”工作制度。推动企业、班组运用“两书”，对安全事故隐患和职业病危害因素进行报告、建档、跟踪、监督、整改，对于把安全生产工作真正纳入“预防为主”的轨道，大力促进企业安全生产，保护职工的安全和健康，能够发挥有效的作用。

（一）“两书”的主要内容

《事故隐患报告书》由工会小组劳动保护检查员或职工群众提出。对职工提出的职业病危害和事故隐患报告，由车间工会劳动保护监督检查委员会进行整理、复查、建档并报行政，由行政对提出的隐患进行答复。车间解决不了的隐患，由车间再报至厂工会，由厂工会提交厂行政解决，必要时采用《事故隐患限期整改通知书》交厂行政，由厂领导人作出答复。

（二）使用“两书”的好处

由于对发现的事故隐患建立了档案，而且对能够解决的问题及时督促有关方面进行解决，对确有困难一时不能解决的隐患采取临时措施，并提出意见纳入企业整改治理计划，而企业工会又对这些隐患进行跟踪监督并督促有关部门解决，因此使用“两书”，一是可以使隐患有了记载，便于工会跟踪监督整改；二是可以促使行政负责人加快解决速度，使职工群众监督具有权威性和严肃性。正是因为使用“两书”有助于消除事故隐患，保护职工安全，避免企业损失，所以，它受到行政领导和职工的赞誉。

（三）保证“两书”实施的工作制度

1. 各级工会主管主席负责制。

这项制度的建立对于落实群众监督极为重要。只有各级工会主管主席把群众劳动保护监督检查放在重要位置，做到亲自抓、亲自过问、亲自参加，才能使这项工作开展得深入扎实。

2. 行政负责人签字认可制度。

它是企业行政及其安技部门对职工提出并消除事故隐患的一种认证，是对职工提出的事故隐患报告的质量及产生的积极效果给予的认可。行政负责人认可签字，说明群众监督起到了帮助企业稳定安全生产的作用。反之，职工没有将隐患提到“点”上，行政就不会重视，群众监督的作用就体现不出来。

3. 奖励制度。

对于消除重大事故隐患有功的职工给予重奖；对于发现一般事故隐患的职工给予一次性奖励；对于发现并消除重大事故隐患的职工给予晋升工资等奖励。这样可以充分调动职工排查和消除隐患的积极性，促使广大职工参与企业安全生产，共同搞好安全生产，也有助于使这项活动具有强烈的吸引力。

四、职代会保安全和职工代表安全巡视

我国许多企业的职代会制度比较健全，运行机制日益完善，作用发挥越来越突出。各级工会特别是铁路系统工会为发挥职代会和职工代表在加强安全生产方面的作用，积累了经验。他们的做法具有代表性，值得推广。

（一）发挥职代会在加强安全生产方面的重要作用

以下以铁路企业职代会为例加以介绍。

1. 主要途径。

职代会通过审议企业安全生产目标和安全生产工作计划，

并通过征集职工代表提案等，发挥源头参与作用；通过行使审查同意或否决权，在企业制定安全生产重要规章制度和措施上发挥民主决策作用；通过对企业执行有关安全生产方针、政策、法律、法规、决议、措施的情况进行检查，发挥群众监督作用。

2. 主要做法。

（1）建立组织、形成网络。铁路系统各局（集团公司）、分局（总公司）、站段职代会都设有安全生产或生产经营专门委员会负责职代会有关安全生产的日常工作。委员会成员除职工代表外，还吸收具有较高政策水平和业务专长的专业人员参加，以不断提高专委会的专业水平和工作质量。全路职代会工作网络的健全为充分发挥其作用打下组织基础。

（2）健全制度、完善机制。铁路系统各级工会狠抓职代会制度建设和运行机制的完善，分别修订完善了职代会实施细则，充实了内容，规范了程序；通过重大事项时，改举手表决为无记名投票表决，改进了表决方式；试行职工代表对职代会质量评估制度和职工代表在选区述职制度，提高了代表素质和责任感；进一步完善了职代会闭会期间的职工代表团组长联席会议制度，加大了职工代表在决策中的参与力度；进一步完善监督检查制度，实行职工代表站段长助理、局长联络员和职工代表视察等制度，从源头上保证了职工参与权、管理权、决策权和监督权的落实。

（3）行使职权、发挥作用。一是行使审议建议权，充分发挥源头参与作用。职代会具有对安全生产目标、工作计划的审议建议权。职代会上，要认真审议行政领导所作的工作报告，特别是对行政工作报告中安全生产目标、措施进行重点审议，提出意见和建议。征集职工代表提案，是职代会行使建议权的重要方面。全路各级工会充分发挥职代会工作机构的优势，在职代会召开前夕，通过多种形式积极发动职工代表针对安全生产中存在的问题提出提案；提案工作委员会认真做好提案的审查立案和汇总工作。职代会认真研究讨论本单位安全生产和重大隐患整改项目，促使许多重大隐患得以消除。二是行使审查同意或否决权，充分发挥民主决策作用。各铁路局（集团公司）及其下属单位在每年召开的职代会上，都要对行政提交的有关安全生产、劳动保护的规章制度和措施进行认真审议并表决，凡通过的颁布实施，被否决的不能实施。三是行使民主监督职权，充分发挥群众监督作用。铁路系统各级职代会制定专门措施，充分发挥职工代表和民主管理网络的作用，实行了职工代表站段长助理、局长联络员、职工代表民主管理督察组、职工代表巡视等制度，使广大职工通过正常法定渠道进行安全生产日常监督。职代会闭会期间，认真组织职工代表开展安全巡视检查活动，并形成制度。一般铁路局级代表巡视为每年一次，时间在15—20天；分局级为每年一至两次，时间在10—15天；站段级为每年两到四次，时间在一星期左右。

（二）实行职工代表安全巡视制度

职工代表安全巡视制度是职工代表按照职代会赋予的民主管理权利对企业安全生产日常管理进行监督的一项工作制度，是企业职工代表开展民主管理活动的一种有效方式。

职工代表安全巡视活动一般由企业工会或职工代表大会劳动保护专门委员会组织部分职工代表参与实施。职工代表安全巡视活动应当每季度进行一次。

1. 职工代表安全巡视活动的主要内容。

（1）检查职代会有关劳动保护决议和决定的贯彻落实情况。

（2）检查企业劳动保护，职业安全卫生各项计划、规划、规章制度执行情况。

（3）检查企业集体合同关于劳动保护有关条款的履行情况。

（4）倾听和收集职工对本单位安全生产、职业卫生、劳动保护等方面的意见和建议。

（5）针对企业安全生产存在的问题及隐患，对作业现场进行抽查或专项检查。

2. 职工代表安全巡视活动的注意事项。

为了保证职工代表安全巡视的效果，应当注意以下几点。

（1）做好巡视前的准备工作。一是事前应下发通知，向各单位告知此次安全巡视的主要内容。二是对被抽调的职工代表进行集中培训，使其有针对性地掌握安全检查的方式方法。三是由企业行政领导人向参加安全巡视的职工代表授权，使其具有现场处置的权力。

（2）突出安全巡视的重点。一是安全巡视的对象以领导干部为主。主要查领导干部的安全意识、安全责任制的落实、日常管理和对职工进行安全教育的情况。二是安全巡视方法以随机抽查为主。虽然巡视前下发了有关通知，但检查时职工代表决不能只看被检单位指定的车间、班组的作业场所，而要重点检查容易存在事故隐患和容易在日常管理中被忽视的作业场所。

（3）充分发挥安全巡视的作用。职工代表安全巡视结束后，应当及时将检查的情况向企业领导人汇报。企业领导人及有关部门对职工代表安全巡视提出的问题、意见及建议应给予认真研究，并拿出具体的解决方案。工会应跟踪和督促企业将整改措施落实到位，必要时可进行"回头看"式的检查。

第四节　职业病预防的基本知识

一、职业病的概念和分类

（一）职业病的概念

职业病的概念有广义和狭义之分，广义是指企业、事业单位和个体经济组织等用人单位的劳动者在职业活动中，因接触粉尘、放射性物质和其他有毒、有害因素而引起的疾病。狭义是指由于社会保障的需要，每个国家根据各自的具体情况，由国家的政府部门以法律法规形式规定了职业病范围，称为法定职业病，经确诊后则享有政府规定的劳保待遇。根据《职业病防治法》，构成法定职业病需要满足以下四个条件。

1. 患病主体必须是用人单位的劳动者。

2. 必须是在从事职业活动过程中产生的。

3. 必须是因接触粉尘、放射性物质和其他有毒、有害等职业病危害因素而引起的疾病。

4. 必须是国家公布的《职业病分类和目录》中所列的职业病。

（二）职业病分类及常见职业病

1957 年，我国首次发布《关于试行“职业病范围和职业病患者处理办法”的规定》，将职业病确定为 14 种，经过数次修订，2013 年 12 月 23 日发布的《职业病分类和目录》将职业病增至 10 类 132 种。具体如下。

1. 职业性尘肺病及其他呼吸系统疾病：矽肺、煤工尘肺、石墨尘肺、石棉肺等 13 种尘肺病，以及过敏性肺炎、棉尘病、哮喘等 6 种其他呼吸系统疾病。

2. 职业性皮肤病：接触性皮炎、光接触性皮炎、电光性皮炎等 9 种。

3. 职业性眼病：化学性眼部灼伤、电光性眼炎、白内障（含放射性白内障、三硝基甲苯白内障）。

4. 职业性耳鼻喉口腔疾病：噪声聋、铬鼻病、牙酸蚀病等 4 种。

5. 职业性化学中毒：铅及其化合物中毒（不包括四乙基铅）、汞及其化合物中毒、锰及其化合物中毒等 60 种。

6. 物理因素所致职业病：中暑、减压病、航空病等 7 种。

7. 职业性放射性疾病：外照射急性放射病、外照射亚急性放射病、外照射慢性放射病等11种。

8. 职业性传染病：炭疽、森林脑炎、布鲁氏菌病等5种。

9. 职业性肿瘤：石棉所致肺癌、间皮瘤等11种。

10. 其他职业病：金属烟热等3种。

二、常见职业病危害因素及其危害

职业病危害因素也称为职业性有害因素，是指在职业活动中产生的或存在的可能对职业人群的健康、安全和作业能力造成不良影响的因素或条件。按危害因素的性质可分为粉尘、化学因素、物理因素、放射性因素、生物因素、其他因素等六大类。

（一）粉尘

粉尘指在生产活动中产生的能够较长时间飘浮于生产环境中的固体颗粒物，是污染作业环境、损害劳动者健康的重要职业性有害因素，可引起包括尘肺病在内的多种职业性肺部疾患。工业生产中用外力和机械对固体物质进行加工是粉尘的主要来源。按粉尘的性质可将粉尘分为以下三类：（1）无机粉尘；（2）有机粉尘；（3）混合性粉尘。机体受粉尘影响最大的是呼吸系统损害，包括尘肺、粉尘沉着症、呼吸道炎症和呼吸系统肿瘤等疾病。尘肺是由于在生产环境中长期吸入粉尘而引起的以肺组织纤维化为主的疾病，是职业性疾病中影响面最广、危害最严重的一类疾病，占我国职业病总人数的80%以上。

（二）化学因素

化学物的分类方法有多种，根据其理化性质和毒性特点，常分为以下几类：（1）金属和类金属；（2）刺激性气体；（3）窒息性气体；（4）农药；（5）有机化合物。

（三）物理因素

物理因素，是自然界一类因素的总称。从卫生学角度来看，物理因素的主要特点是以能量的形式存在于工作场所中并作用于人体。常见的物理因素包括：（1）生产性噪声；（2）振动；（3）电磁辐射；（4）异常气象条件。

（四）放射性因素

放射性物质类包括电离辐射（X 射线、γ 射线）等。可能导致的职业病包括外照射急性放射病、外照射慢性放射病、内照射放射病、放射性皮肤疾病等根据《职业性放射性疾病诊断标准（总则）》可以诊断的其他放射性损伤。

（五）生物因素

生物因素是指生产原料和生产环境中存在的对职业人群健康有害的致病微生物、寄生虫、昆虫和其他动植物及其所产生的生物活性物质，除了会导致法定职业病，也是构成职业性哮喘、外源性过敏性肺泡炎和职业性皮肤病等法定职业病的致病因素之一。

（六）其他因素

其他因素是指除以上五类因素外，还可能造成职业人群伤害的因素，如金属烟等。

三、职业病危害防护及控制措施

（一）职业病危害控制优先顺序

职业病危害控制的目的是消除危害或减少危害接触，这是职业病防治的核心要求。职业病危害控制的优先顺序为：（1）消除；（2）替代；（3）工程控制；（4）管理控制；（5）个人防护。

消除：指消除危害源，采用先进的生产工艺、技术和无毒（害）的原材料，通过工艺、技术和设备设计来消除职业病危害因素产生的源头，如对产生粉尘、毒物的生产过程和设备（含露天作业的工艺设备）采用机械化和自动化，避免直接人工操作。

替代：改进工艺，无毒物质代替有毒物质，低毒物质代替高毒物质，或降低系统能量。

工程控制：职业性有害因素的接触不可避免时，采取工程控制措施就是最好的选择，可以采用隔离、封闭、通风等措施。

管理控制：通过组织管理措施对工作场所的职业病危害因素进行控制，管理控制不是聚焦于工作场所的硬件设施，而是着眼于工作过程、制度和工人的行为。

个人防护：通常可以采用一些常见的个人防护用品。

（二）粉尘综合治理

尘肺病预防的关键在于最大限度防止有害粉尘的吸入，只要综合措施得当，尘肺病是完全可以预防的。综合防尘和降尘措施可以概括为“革、水、密、风、护、管、教、查”八字方针，对控制粉尘危害具有指导意义。具体如下。

（1）“革”，即工艺改革，改革生产工艺和革新生产设备，这是消除粉尘危害的根本途径；（2）“水”，即湿式作业，物料加水、湿式清扫、湿式操作；（3）“密”，即密闭尘源，采用密闭管道输送、密闭设备加工，密闭的生产设备；（4）“风”，加强通风及抽风除尘，可根据工作场所及环境状况进行全面机械通风或局部机械通风，降低工作场所的粉尘浓度；（5）“护”，即个体防护，采取个人防护措施和增强体质；（6）“管”，加强技术管理、建立必要的管理制度；（7）“教”，加强宣传教育，包括用人单位负责人、职业卫生管理人员和接触职业病危害的劳动者；（8）“查”，定期检查环境空气中粉尘浓度和接触者的定期体格检查。

四、工会参与职业病防治工作模式

针对我国职业病防治工作的现状，为适应市场经济发展对工会维权工作的需求，2005 年 9 月至 2009 年 6 月，中华全国总工会劳动保护部与中国疾病预防控制中心职业卫生与中毒控制所合作开展了工会参与职业病防治工作专题研究，提出了各级工会组织开展职业病防治工作的模式。

（一）中华全国总工会

1. 加大对国家职业卫生立法和政策制定的源头参与，促进完善职业卫生法律法规和政策标准体系。

2. 推动建立职业病防治三方协调机制。

3. 推进建立健全适应社会主义市场经济的职业卫生管理和工作机制。

4. 完善群众性监督检查体系和制度。

5. 与有关部委联合开展职业病防治工作的专项行动。

6. 探索适应形势发展需求的工会职业病防治工作模式。

7. 开展职业病防治宣传教育，提高全社会参与职业病防治的意识和能力。

8. 依托国家职业病防治机构开展有关科学研究。

9. 积极拓展国际合作。

10. 积极参加协会和学会活动。

（二）地方工会

1. 注重源头参与，积极促进完善职业卫生法律体系，加大参与立法和政策制定工作力度。

2. 建立三方协调机制。

3. 推进建立健全适应社会主义市场经济的职业卫生管理和工作机制。

4. 贯彻落实全国总工会有关做好职业病防治工作的要求和部署。

5. 与有关部门联合开展职业病防治专项活动。

6. 探索适应形势发展需求的基层工会职业病防治工作模式。

7. 开展职业病防治宣传教育，提高全社会参与职业病防治的意识和能力。

8. 依托职业病防治机构开展有关工作。

9. 积极探索农民工的维权模式。

10. 推动区域工会组建和协商签订区域性职业卫生专项集体合同。

11. 积极参加协会和学会活动。

（三）产业工会

1. 发挥熟悉本行业职业病危害因素和防治技术的优势，有针对性地开展咨询、培训等劳动保护工作。

2. 与政府行业主管部门、行业协会建立职业病防治三方协调机制。

3. 加强本行业职业病防治工作调查研究。

4. 推进产业平等协商、签订集体合同。

（四）大型企业工会

大型企业工会从组织机构和规章制度建设、前期预防、材料和设备管理、作业场所管理、作业场所职业病危害因素监测、履行告知义务、防护设施和个人防护用品、职业健康监护、职业病危害事故的应急救援、职业卫生培训、职业病诊断与病人保障、群众监督 12 个方面，对企业的职业病防治工作进行监督检查，对存在的问题要求企业进行整改，并向劳动者公布。重大职业危害问题还应报告政府主管部门和上级工会。

（五）中小企业工会

可参照有关省市经验，建立“联合职业安全卫生委员会”，履行相关职责。

五、参与职业危害事件调查处理

参加职业危害事件的调查处理是工会劳动保护工作的重要内容，也是法律赋予工会的重要职责。

（一）职业危害事件的定义及分类

职业危害事件是指职工在工作时间和工作场所内，因设备和设施不安全、劳动条件和工作环境不良、管理不善等原因所发生的急性中毒事故。根据《生产安全事故报告和调查处理条例》规定，职业危害事件分为以下等级。

1. 一般事故：是指造成3人以下死亡，或者10人以下重伤，或者1000万元以下直接经济损失的事故。

2. 较大事故：是指造成3人以上10人以下死亡，或者10人以上50人以下重伤，或者1000万元以上5000万元以下直接经济损失的事故。

3. 重大事故：是指造成10人以上30人以下死亡，或者50人以上100人以下重伤，或者5000万元以上1亿元以下直接经济损失的事故。

4. 特别重大事故：是指造成30人以上死亡，或者100人以上重伤（包括急性工业中毒），或者1亿元以上直接经济损失的事故。

（二）职业危害事件的统计、报告

职业危害事件发生后，企业负责人应按照我国现行法律法规的规定，立即向有关部门报告。坚决杜绝职业危害事件瞒报、漏报现象的发生。认真做好职业危害事件统计、报告工作是加强工会劳动保护基础建设的一项重要内容，也是工会依法进行群众监督、有效行使工会参与劳动保护决策的重要依据。全国总工会对职业危害事件的统计、报告工作作出了明确规定。

1. 发生重伤以上事故的企业、事业单位负责人和工会，应立即以快速方式向当地工会组织报告事故情况。

2. 未组建工会的各类企业的职业危害事件统计、报告工作，由企业所在地工会负责。

3. 发生一次死亡 3 人以上的职业危害事件，省（区、市）总工会或产业工会的劳动保护部门须在事故发生 24 小时内用快速方式报全国总工会劳动和经济工作部。对一次死亡 10 人以上的职业危害事件，在事故调查结束后，应及时将事故调查报告和工会参与事故调查情况等有关材料上报全国总工会劳动和经济工作部；事故结案后，应及时将事故结案报告和工会参与结案情况等有关材料上报全国总工会劳动和经济工作部。

4. 各级工会应建立职工职业危害事件统计、分析、报告制度，填写报表要认真、准确、内容齐全，经领导人审核并加盖公章。

（三）职业危害事件调查处理的分级负责

我国现行职业危害事件调查处理的分工主要是根据《生产安全事故报告和调查处理条例》以及《国务院关于特大安全事故行政责任追究的规定》，按一般事故、较大事故、重大事故、特别重大事故采取分级负责、属地管理的原则。目前，特别重大事故由国务院组织调查，重大事故由省级人民政府组织调查，较大事故由市级人民政府组织调查，一般事故由区县人民政府组织调查。

（四）职业危害事件调查处理的原则

事故调查处理应当坚持实事求是、尊重科学的原则，坚持“四不放过”的原则。在实际工作中应当做到科学严谨、依法依规、实事求是、注重实效。事故调查处理是专业性、技术性、政策性高度统一的工作，要保证对事故进行客观、公正的处理，必须坚持尊重科学的原则。

六、职工需要掌握的职业健康技能

（一）危害防护

1. 辨识工作中的常见职业病危害因素。

（1）生产工艺中存在的职业病危害因素辨识。

劳动者可通过以下几种途径辨识生产工艺中存在的职业病危害因素。

①签订劳动合同时了解接触的职业病危害因素。《职业病防治法》第三十三条规定："用人单位与劳动者订立劳动合同（含聘用合同，下同）时，应当将工作过程中可能产生的职业病危害及其后果、职业病防护措施和待遇等如实告知劳动者，并在劳动合同中写明，不得隐瞒或者欺骗。"

②职业卫生培训时了解接触的职业病危害因素。用人单位应当对劳动者进行上岗前的职业卫生培训和在岗期间的定期职业卫生培训，普及职业卫生知识，结合劳动者实际工作情况，告知劳动者可能接触的职业病危害因素。

③通过工作场所职业病危害警示标识和告知卡辨识职业病危害因素。劳动者可通过工作场所设置的职业病危害警示标识和告知卡辨识工作中存在的职业病危害因素。

④通过使用的原辅材料辨识职业病危害因素。劳动者可通过工作过程中使用的化学品、放射性同位素等原辅材料的中文说明书辨识产品特性、主要成分、存在的职业病危害因素、可能产生的危害后果。

⑤通过人体感官发现异常情况下可能存在的职业病危害因素。劳动者可通过触觉、嗅觉、听觉和视觉等途径发现异常情

况的职业病危害因素，如刺激性气味等。

（2）劳动过程中的有害因素辨识。

①劳动组织和制度不合理等。

②职业性精神（心理）紧张。

③劳动强度过大或生产定额不当等。

④个别器官或系统过度紧张等。

⑤长时间不良体位或使用不合理的工具等。

（3）生产环境中的有害因素辨识。

①自然环境中的因素。

②厂房建筑或布局不合理。

③作业环境空气污染。

2. 熟知岗位职业卫生操作规程。

（1）职业卫生管理部门组织职业卫生操作规程培训，劳动者认识到职业病危害因素的危害性和可预防性，树立认真执行职业卫生操作规程正确意识。

（2）操作规程主要包括以下内容。

①生产操作方法和要求。

②重点操作的复核、操作过程的职业病危害和防护要求。

③异常情况处理和报告。

④工艺卫生和环境卫生。

（3）开展专门的操作规程演练工作，确保劳动者熟练掌握职业卫生操作规程。

（4）作业岗位职业病危害风险发生变化的，应基于最新的风险评价结果及时调整操作规程。

3. 认识职业病危害警示标识和告知卡。

警示标识包括图形标识、警示线、警示语句等。

（1）图形标识。图形标识分为禁止标识、警告标识、指令标识和提示标识。图形标识可与相应的警示语句配合使用。图形标识、警示语句和文字设置在工作场所入口处或工作场所的显著位置。

①禁止标识：禁止不安全行为的图形。

②警告标识：提醒对周围环境需要注意，以避免可能发生危险的图形。

③指令标识：强制做出某种动作或采用防范措施的图形。

④提示标识：提供相关安全信息的图形。

（2）警示线。警示线是界定和分隔危险区域的标识线，分为红色、黄色和绿色三种。按照需要，警示线可喷涂在地面或制成色带设置。

（3）警示语句。警示语句是一组表示禁止、警告、指令、提示或描述工作场所职业病危害的词语。

职业病危害告知卡是职业病危害因素告知卡的简称，是用来标明及告知工作场所中的现场工作人员，此处存在的职业病危害因素，并列明可能造成的健康危害、理化特性、应急处理、防护措施等。使用职业病危害告知卡的目的是预防和减少职业病的产生，凡已知存在职业病危害因素的场所都应该在醒目位置张贴相对应的职业病危害告知卡，以保护工作人员的生命及健康安全。

4. 正确使用职业病防护设施。

职业病防护设施主要包括全面通风、局部通风、湿式抑降、密闭、隔离、监测报警等，针对化学毒物、粉尘、放射性等的常见职业病防护设施如下。

（1）化学毒物和粉尘职业病防护设施的使用。

①检查生产过程中化学毒物和粉尘的密闭性，是防止化学毒物和粉尘从生产过程中散发、外逸的关键。

②使用隔离措施，把工人操作地点与生产设备尽量隔离开来，避免工人接触化学毒物和粉尘。

③使用局部通风和全面通风等职业病防护设施。

④使用化学毒物在线报警装置。

⑤开启喷淋降尘和湿式抑降等控尘设施，有效降低粉尘浓度。

⑥开启除尘器等设备以达到有效除尘的目的。

（2）放射性防护设施的使用。

①检查安全联锁设施的有效性，确保处于有效工作状态。

②检查辐射监测设施的有效性，确保监测设备工作正常。

③使用通风设施，认真对配置的通风设施进行检查，开启通风设施并正常运转。

④检查工作指示灯等防护设施的有效性，发现异常，停止工作，及时维修。

（二）个人防护

1. 正确佩戴个人防护用品。

作为保护劳动者健康的最后一道防线，正确佩戴个人防护用品是实现一切为了劳动者健康目标的重要举措。防护用品包括：耳塞、耳罩、防护眼镜、防尘口罩。

2. 了解职业健康检查项目。

职业健康检查包括常规医学检查项目和特殊医学检查项目。常规医学检查项目是指作为一般健康检查和大多数职业病危害因素的健康检查都需要进行的检查项目。特定的职业病危害因素需要进行常规医学检查项目之外的其他医学检查。

3. 学会读懂个人职业健康检查报告。

职业健康检查报告分为总结报告、个体结论报告和职业健康监护评价报告三种。根据职业健康检查结果，对劳动者个体的体检结论可分为以下五种。

（1）目前未见异常。本次职业健康检查各项检查指标均在正常范围内。

（2）复查。检查时发现与目标疾病相关的单项或多项异常，需要复查确定者，应明确复查的内容和时间。

（3）疑似职业病。检查发现疑似职业病或可能患有职业病，需要提交职业病诊断机构进一步明确诊断者。

（4）职业禁忌证。检查发现有职业禁忌的患者，需写明具体的疾病名称。

（5）其他疾病或异常。除目标疾病之外的其他疾病或某些检查指标的异常。

（三）应急救治

1. 职业病危害事故的报告。

事故发生后，事故现场有关人员应当立即向本单位负责人报告；单位负责人接到报告后，应当于 1 小时内向事故发生地县级以上人民政府安全生产监督管理部门和负有安全生产监督管理职责的有关部门报告。情况紧急时，事故现场有关人员可以直接向事故发生地县级以上人民政府安全生产监督管理部门和负有安全生产监督管理职责的有关部门报告。报告事故信息，应当包括下列内容。

（1）事故发生单位的名称、地址、性质、产能等基本情况。

（2）事故发生的时间、地点以及事故现场情况。

（3）事故的简要经过（包括应急救援情况）。

（4）事故已经造成或者可能造成的伤亡人数（包括下落不明、涉险的人数）和初步估计的直接经济损失。

（5）已经采取的措施。

（6）其他应当报告的情况。

2. 常见职业中毒的应急处置技术。

发生急性职业中毒时，现场急救包括：（1）脱离中毒环境；（2）阻止毒物继续吸收；（3）对症治疗。

慢性职业中毒。早期常为轻度可逆的功能性改变，继续接触则可演变成严重的器质性病变，故应及早诊断和处理。慢性中毒病人经治疗后，应对其进行劳动能力鉴定，并安排合适的工作或休息。

3. 正压式空气呼吸器的佩戴。

正压式空气呼吸器是一种隔绝式呼吸防护器具，具有自主的呼吸系统，从而可以不受外界环境的影响为人体提供洁净的空气。

4. 心肺复苏术。

心肺复苏术（Cardiopulmonary Resuscitation，CPR），指当呼吸终止及心跳停顿时，合并使用人工呼吸及心外按压来进行急救的一种技术，它是我们为病人争取生命机会的重要措施。心肺复苏的目的是开放气道、重建呼吸和循环。

5. 骨折与外伤的急救。

骨折是指骨结构的连续性完全或部分断裂。发生骨折时，首先应抢救患者生命。大部分骨折生命体征稳定，不危及生命，但对于严重创伤骨折现场急救的首要原则是抢救生命。尽管骨折现场急救情况复杂多样，但施救总离不开三救：救生命、救伤口（伤口止血包扎）、救肢体（肢体固定）。

外伤后急救处理步骤：（1）止血；（2）包扎；（3）搬运。

6. 其他常见医疗急救知识。

日常工作生活中，我们经常会遇到各种突发紧急情况，需要掌握一定的急救知识并灵活应对，主要介绍“触电”和“烧伤”的急救知识。

（1）触电。触电是电击伤的俗称，通常是指人体直接触及电源或高压电经过空气或其他导电介质传递电流通过人体时引起的组织损伤和功能障碍，重者会发生心跳和呼吸骤停。急救措施如下。

①现场救治应争分夺秒，火速切断电源。

②脱离电源后，确认触电者心跳和呼吸情况，如果停止，急救者应立即对伤者进行心肺复苏。

③体表电灼伤创面周围皮肤用碘伏处理后，加盖无菌敷料包扎，以减少污染。在高空高压线触电抢救中，要注意再摔伤的可能性。

（2）烧伤。一旦遇到烧伤的情况，大家一定要及时就医，不过，在就医之前，谨记急救“四字诀”：“脱”、“冲”、“裹”、“送”。

“脱”指烧伤后第一时间脱离致伤物，立即扑灭火焰、脱去燃烧衣物；

“冲”指可用自来水冲洗伤口、冷敷、浸泡，这样能使局部快速散热，降低创面残余热量对皮下深部组织的伤害，减轻疼痛；

“裹”指用无菌纱布或洁净毛巾湿敷并包裹创面保持伤口清洁，预防创面污染及再次伤害，注意包扎覆盖不宜过紧；

“送”指及时送至医院，烧伤面积较大或病情较重的，可能会引起休克，一定要保持输液状态转移，以防休克后无法输液。

第五节　劳动保护的法律责任

一、用人单位的劳动安全卫生保障责任

在用人单位与劳动者之间构成的劳动关系中，劳动者提供自身的劳动并获得报酬，用人单位提供劳动场所和劳动条件并支付劳动报酬，双方的利益并不完全相同。因此，需要用法律明确规定用人单位与劳动者双方的权利和义务，使这种劳动关系保持和谐、稳定。劳动安全卫生是劳动关系的重要组成部分，

我国现行的《劳动法》、《工会法》、《安全生产法》、《职业病防治法》等多部涉及劳动安全卫生内容的法律，都要求用人单位在生产过程中承担保障劳动者安全卫生合法权益的法定责任和义务。

（一）严格遵守国家有关劳动安全卫生的法律、法规

新中国成立以来，特别是改革开放以来，国家先后制定了一系列涉及劳动安全卫生的法律、法规；国务院各有关部门和各级地方人民政府制定了一批与劳动安全卫生工作相关的行政法规、规章。这些规定是对用人单位劳动安全卫生方面的义务性规定，各用人单位必须严格遵守执行。

《安全生产法》规定，“生产经营单位必须遵守本法和其他有关安全生产的法律、法规，加强安全生产管理，建立健全全员安全生产责任制和安全生产规章制度，加大对安全生产资金、物资、技术、人员的投入保障力度，改善安全生产条件，加强安全生产标准化、信息化建设，构建安全风险分级管控和隐患排查治理双重预防机制，健全风险防范化解机制，提高安全生产水平，确保安全生产。平台经济等新兴行业、领域的生产经营单位应当根据本行业、领域的特点，建立健全并落实全员安全生产责任制，加强从业人员安全生产教育和培训，履行本法和其他法律、法规规定的有关安全生产义务”，“生产经营单位的主要负责人是本单位安全生产第一责任人，对本单位的安全生产工作全面负责。其他负责人对职责范围内的安全生产工作负责”。《职业病防治法》规定，“用人单位应当建立、健全职业病防治责任制，加强对职业病防治的管理，提高职业病防治水平，对本单位产生的职业病危害承担责任”，“用人单位的主要负责人对本单位的职业病防治工作全面负责”。这些规定明确了用人单位及其主要负责人必须承担对劳动者的劳动安全卫生保障责任。

（二）为劳动者提供符合国家标准或者行业标准的生产条件和作业环境

为劳动者提供符合劳动安全卫生标准的生产条件和作业环境，是法律、法规对用人单位的基本要求。《劳动法》规定，用人单位必须“严格执行国家劳动安全卫生规程和标准”，“劳动安全卫生设施必须符合国家规定的标准”。《安全生产法》规定：“生产经营单位应当具备本法和有关法律、行政法规和国家标准或者行业标准规定的安全生产条件；不具备安全生产条件的，不得从事生产经营活动。”《职业病防治法》规定，“用人单位应当为劳动者创造符合国家职业卫生标准和卫生要求的工作环境和条件，并采取措施保障劳动者获得职业卫生保护”，“用人单位应当依照法律、法规要求，严格遵守国家职业卫生标准，落实职业病预防措施，从源头上控制和消除职业病危害”。

（三）以劳动合同形式明确对劳动者劳动安全卫生权益的保障

以劳动合同形式明确用人单位的劳动安全卫生责任，不仅是国家法律的要求，也是劳动者从用人单位获得劳动安全卫生权益保障的重要途径。《劳动法》规定，“劳动合同应当以书面形式订立，并具备以下条款：（一）劳动合同期限；（二）工作内容；（三）劳动保护和劳动条件；（四）劳动报酬；（五）劳动纪律；（六）劳动合同终止的条件；（七）违反劳动合同的责任”。显然，劳动保护和劳动条件是劳动合同的必备内容。对此，《安全生产法》和《职业病防治法》也进一步规定，在劳动合同中应当载明有关保障职工劳动安全卫生的事项，以及依法为劳动者办理工伤保险的事项等。

（四）依法实施劳动安全卫生管理

劳动安全卫生工作的主体是用人单位，建立劳动安全卫生自我约束机制是做好这项工作的关键。只有依法实施劳动安全卫生管理，使用人单位在生产过程中，能够按照国家的安全生产法律、法规和各项方针政策的要求，建立良好的安全生产运行机制，才能使劳动安全卫生与生产处于和谐统一的整体之中。劳动安全卫生管理工作主要包括建立以劳动安全卫生责任制为核心的行政管理制度和劳动安全卫生技术操作规程；加强对劳动安全卫生设备、设施的管理；加强对危险物品的管理；加强对危险源的控制管理；进行经常性的劳动安全卫生检查等。

（五）对劳动者进行劳动安全卫生教育培训

《劳动法》规定，用人单位必须“对劳动者进行劳动安全卫生教育”。《安全生产法》规定：“生产经营单位应当对从业人员进行安全生产教育和培训，保证从业人员具备必要的安全生产知识，熟悉有关的安全生产规章制度和安全操作规程，掌握本岗位的安全操作技能，了解事故应急处理措施，知悉自身在安全生产方面的权利和义务。未经安全生产教育和培训合格的从业人员，不得上岗作业。生产经营单位使用被派遣劳动者的，应当将被派遣劳动者纳入本单位从业人员统一管理，对被派遣劳动者进行岗位安全操作规程和安全操作技能的教育和培训。劳务派遣单位应当对被派遣劳动者进行必要的安全生产教育和培训。生产经营单位接收中等职业学校、高等学校学生实习的，应当对实习学生进行相应的安全生产教育和培训，提供必要的劳动防护用品。学校应当协助生产经营单位对实习学生进行安全生产教育和培训。生产经营单位应当建立安全生产教育和培训档案，如实记录安全生产教育和培训的时间、内容、参加人员以及考核结果等情况。”《职业病防治法》规定：“用人单位应当对劳动者进行上岗前的职业卫生培训和在岗期间的定期职业卫生培训，普及职业卫生知识，督促劳动者遵守职业病防治法律、法规、规章和操作规程，指导劳动者正确使用职业病防护设备和个人使用的职业病防护用品。”

（六）向劳动者告知劳动安全卫生事项

为了保障劳动者的知情权，用人单位必须履行向劳动者告知有关劳动安全卫生事项的责任。根据《安全生产法》和《职业病防治法》的要求，用人单位除在劳动合同中应将工作场所存在的危害因素及其防范措施、应配备的劳动防护用品和应享受的劳动安全卫生待遇等内容如实告知职工外，还必须履行以下告知责任：通过在醒目位置设置公告栏等方式，公布有关劳动安全卫生规章制度、操作规程、事故应急救援措施、职业病危害检测结果等；对职业病危害较为严重的岗位和作业点，应在醒目位置设置中文警示标志和警示说明，载明职业病危害因素的种类、后果、预防以及应急救援措施等内容；用人单位提供给劳动者使用的机械、设备、材料等，可能产生职业病危害的，应同时向劳动者提供安全使用说明书或安全操作规程。

（七）提供符合标准要求的劳动防护用品

劳动防护用品是指劳动者在劳动过程中为免遭或者减轻安全生产和职业病危害事故影响所配备的防护装置。使用劳动防护用品，是保障劳动者人身安全与健康的重要措施，也是保障生产经营单位安全生产的基础。《安全生产法》、《职业病防治法》等法律要求用人单位必须为劳动者免费提供符合国家标准的劳动防护用品，不得以货币或其他物品替代应当配备的劳动防护用品，不得提供不符合标准或超过使用期限的劳动防护用品；对于一些规定有效期的用品、材料等，应及时更换，保证其效能。用人单位还应建立健全劳动防护用品的购买、验收、保管、发放、更新、报废等管理制度，按照劳动防护用品的使用要求，在使用前对其防护效能进行检查。此外，用人单位还必须对劳动者坚持和正确使用劳动防护用品进行教育和培训，使其能够按照劳动防护用品的使用规则和防护要求正确佩戴和使用。

（八）为劳动者办理工伤保险，并依法承担民事赔偿责任

《安全生产法》规定："生产经营单位必须依法参加工伤保险，为从业人员缴纳保险费。"这一规定表明，用人单位参加工伤保险是一项强制性的义务，不得以任何理由拒绝执行。《工伤保险条例》规定，"用人单位依照本条例规定应当参加工伤保险而未参加的，由社会保险行政部门责令限期参加"，"依照本条例规定应当参加工伤保险而未参加工伤保险的用人单位职工发生工伤的，由该用人单位按照本条例规定的工伤保险待遇项目和标准支付费用"。

根据《劳动法》、《安全生产法》、《职业病防治法》和《工伤保险条例》的规定，工伤职工和职业病患者享受工伤保险待遇。用人单位必须安排受伤职工和职业病患者进行治疗、康复和定期检查，其诊疗、康复费用，伤残及丧失劳动能力职工的社会保障，按照国家有关工伤保险的规定执行。除此之外，依据民事法律法规的规定，用人单位还依法承担民事赔偿责任。

（九）为劳动者提供职业健康监护服务

《职业病防治法》对用人单位为劳动者提供职业健康监护的职责作出了明确规定。其主要内容包括：

1. 对从事接触职业病危害作业的劳动者进行职业健康检查。

对从事接触职业病危害作业的人员，按照有关规定组织其上岗前、在岗期间和离岗时的职业健康检查，并将检查结果书面告知劳动者。职业健康检查费用由用人单位承担。用人单位不得安排未经上岗前职业健康检查的劳动者从事接触有职业病危害的作业；不得安排有职业禁忌的劳动者从事其所禁忌的作业；对在职业健康检查中发现有与所从事的职业相关的健康损

害的劳动者，应当调离原工作岗位，并妥善安置；对未进行离岗前职业健康检查的劳动者不得解除或者终止与其订立的劳动合同。

2. 为劳动者建立职业健康档案。

用人单位应当为劳动者建立职业健康监护档案，包括劳动者的职业史、职业病危害接触史、职业健康检查结果、职业病诊疗记录等资料，并按规定的期限妥善保存。劳动者离开用人单位时，用人单位应如实、无偿提供其职业健康监护档案的复印件，并在所提供的复印件上盖章。

二、劳动者享有的劳动保护权利和应尽的义务

国家劳动安全卫生法律法规不仅规定了用人单位所承担的劳动安全卫生职责和国家（政府）对用人单位的监管职责，也对劳动者获得劳动保护的权利与义务作出了明确规定，这些规定是劳动者维护自身安全健康合法权益的有力武器。

（一）享有劳动保护的权利

《劳动法》规定："劳动者享有平等就业和选择职业的权利、取得劳动报酬的权利、休息休假的权利、获得劳动安全卫生保护的权利、接受职业技能培训的权利、享受社会保险和福利的权利、提请劳动争议处理的权利以及法律规定的其他劳动权利。"可见，获得劳动保护是劳动者的基本权利之一。劳动者享有的劳动保护权利，是有具体要求的，《安全生产法》和《职业病防治法》对此都作了明确规定，归纳起来主要包括以下内容：要求获得劳动保护的权利和劳动合同保障的权利，对危险、有害因素和应急措施的知情权，民主参与劳动安全卫生工作的权利，获得教育培训的权利，拒绝违章指挥、强令冒险作业的权利，紧急情况下避险的权利，对劳动安全卫生工作提出批评、检举和控告的权利，获得职业健康服务的权利，获得

经济补偿的权利，享有工伤保险和要求民事赔偿的权利，提请劳动争议调解、仲裁和提起诉讼的权利。特别需要指出的是，劳动者在行使各项权利时，应该注意三个问题：一是所行使的权利必须是法律规定的权利；二是以正当的方式（合法的方式）行使权利；三是行使权利时，不得损害他人的合法利益和社会公共利益。

（二）劳动者在劳动安全卫生方面必须履行的义务

劳动者在享有上述劳动保护权利的同时，也必须履行相应的义务。《劳动法》规定，劳动者应当“执行劳动安全卫生规程，遵守劳动纪律和职业道德”。《安全生产法》、《职业病防治法》等多部法律也都对劳动者在劳动安全卫生方面必须履行的义务作了阐述，概括起来主要包括以下几个方面。

1. 遵守劳动安全卫生规章制度和操作规程的义务。

劳动安全卫生规章制度是用人单位根据本单位的实际情况，依照国家法律、法规和规章的要求所制定的劳动安全卫生具体制度。操作规程是为保证生产安全而对各工种的操作技术和具体程序的规定。无论是规章制度还是操作规程，由于它们是结合本单位的生产实际制定的，具有较强的针对性，都是劳动者从事生产活动的基本准则，对保障劳动者的劳动安全卫生具有重要意义。为此，《劳动法》规定，劳动者应当“执行劳动安全卫生规程，遵守劳动纪律和职业道德”，“在劳动过程中必须严格遵守安全操作规程”。《安全生产法》规定：“从业人员在作业过程中，应当严格落实岗位安全责任，遵守本单位的安全生产规章制度和操作规程，服从管理，正确佩戴和使用劳动防护用品。”《职业病防治法》规定，劳动者应当“学习和掌握相关的职业卫生知识，增强职业病防范意识，遵守职业病防治法律、法规、规章和操作规程”。这些法律规定都要求劳动者在生产活动过程中必须增强法纪观念，自觉遵章守纪，把遵守规章制度和落实操作规程贯穿于具体的作业活动之中。

2. 服从管理的义务。

现代化生产的系统性和关联性较强，影响安全生产的因素较多，需要统一指挥和管理。为了保持良好的生产和劳动秩序，保障自身与他人的劳动安全卫生，劳动者必须服从管理人员依照规章制度和操作规程进行的安全卫生管理。根据法律规定，劳动者不服从管理，违反劳动安全卫生规章制度和操作规程的，由用人单位给予批评教育，依照有关规章制度给予处分；造成重大事故，构成犯罪的，依法追究刑事责任。

3. 正确佩戴和使用劳动防护用品的义务。

劳动防护用品是劳动过程中为防御物理、化学、生物等外界因素伤害人体而穿戴和配备的各种物品的总称。尽管生产劳动过程中有多种防护措施，但仍可能存在一些不安全、不卫生的因素，对劳动者的安全与健康构成威胁，因此，个人防护用品就成为最后一道防线。为此，《安全生产法》规定，从业人员在作业过程中应当“正确佩戴和使用劳动防护用品”。《职业病防治法》规定，从业人员应当“正确使用、维护职业病防护设备和个人使用的职业病防护用品”。法律之所以如此规定，是因为不同的劳动防护用品有特定的佩戴和使用的规则及方法，劳动者要正确掌握这些规则和方法，这既是保障自身安全与健康的需要，也是保证安全生产秩序的要求。

4. 掌握劳动安全卫生知识与提高技术技能的义务。

通过接受劳动安全卫生教育培训，掌握劳动安全卫生知识和提高技术技能，既是劳动者享有的权利，也是必须履行的一项法定义务。生产活动的复杂性和多样性，决定了对劳动者掌握劳动安全卫生知识和提高技术技能要求的必要性。对此，《安全生产法》规定：“从业人员应当接受安全生产教育和培训，掌握本职工作所需的安全生产知识，提高安全生产技能，增强事故预防和应急处理能力。”《职业病防治法》规定，“劳动者应当学习和掌握相关的职业卫生知识，增强职业病防范意识”。这些规定要求劳动者必须自觉接受劳动安全卫生教育培训，不断适应生产活动对知识和技能的要求，在掌握本职工作所需要的劳动安全卫生知识和技术技能的同时，了解事故发生的客观规律，增强事故预防和应急处理能力。

5. 发现安全生产和职业病危害事故隐患并及时报告的义务。

劳动者直接承担具体的作业活动，便于发现安全生产、职业病危害事故隐患或其他不安全因素。为了提高劳动者的劳动安全卫生意识，增强其责任心，确保事故隐患或者其他不安全因素能够得到及时处理，防止和减少各类事故，《安全生产法》规定，“从业人员发现事故隐患或者其他不安全因素，应当立即向现场安全生产管理人员或者本单位负责人报告”。《职业病防治法》规定，劳动者“发现职业病危害事故隐患应当及时报告”。安全生产和职业病危害事故隐患的“发现”，要求劳动者必须具备对各类事故隐患的识别能力和防微杜渐的意识；而报告的“及时”，则要求劳动者有极强的责任心和大局意识，这也是现代社会劳动者应具备的基本素质。

三、工会维护劳动者安全健康合法权益的职责

《工会法》规定：“维护职工合法权益、竭诚服务职工群众是工会的基本职责。”《劳动法》规定：“各级工会依法维护劳动者的合法权益，对用人单位遵守劳动法律、法规的情况进行监督。”《安全生产法》规定：“工会依法对安全生产工作进行监督。生产经营单位的工会依法组织职工参加本单位安全生产工作的民主管理和民主监督，维护职工在安全生产方面的合法权益。”《职业病防治法》规定：“工会组织依法对职业病防治

工作进行监督，维护劳动者的合法权益。”相关法律还对工会劳动保护的职权作了明确规定，这些规定都要求工会必须承担起维护劳动者安全健康合法权益的职责。

为了履行工会的“群众监督参与”职责，进一步规范和推动工会劳动保护工作，更好地维护劳动者的劳动安全健康合法权益，根据相关法律规定，全国总工会于2005年6月22日印发了《工会劳动保护工作责任制（试行）》，对工会劳动保护工作必须坚持的原则、总体要求，以及地方工会主要负责人、劳动保护监督检查组织所承担的职责与义务作出了具体规定。

（一）参与劳动安全卫生立法和相关政策的制定

工会代表和组织职工参与国家事务，是劳动者管理国家事务的基本途径和形式。《工会法》规定，工会“通过各种途径和形式，参与管理国家事务”。工会通过劳动安全卫生立法和政策参与，反映劳动安全卫生工作中存在的突出问题和广大劳动者的意愿、要求，从源头上维护劳动者安全卫生合法权益。

工会对立法和相关决策的参与是有层次的，各级工会在劳动安全卫生立法和相关决策参与中的侧重有所不同。全国总工会在国家层面参与劳动安全卫生立法和政策制定，在维护国家总体利益的同时，促使法律和决策更好地体现劳动者的权利，从而维护劳动者的劳动安全卫生具体利益；推动建立维护劳动者权益和工会活动的法律保障体系，为基层工会开展劳动保护工作提供法律支持和保障。地方工会根据当地的实际情况，参与地方相关法规、政策的制定，或提出相关立法、政策制定的建议。企业工会则主要是通过职工代表大会和平等协商签订集体合同等形式，实现劳动者对本单位劳动安全卫生工作的民主管理和监督。

（二）对用人单位履行劳动安全卫生法律、法规、标准的情况进行监督

从一定意义上说，法律、法规的执行与制定同等重要。工会作为我国重要的社会政治团体，在性质上与国家权力机关、司法机关和行政机关有很大不同。工会不是执法主体，在推动法律法规的贯彻实施上，其主要着力点在于监督。监督的重点是各级政府和企业对劳动安全卫生法律、法规、标准的执行情况，对监督过程中发现的问题，要求及时纠正，或提交政府相关部门依法处理。与此同时，各级工会还应积极配合人大、政府及其有关部门开展对相关法律、法规执行情况的检查，对违反法律法规的行为，特别是严重侵犯劳动者和工会组织合法权益的重大案件，要求政府或司法机关依法予以查处。

（三）对劳动者进行安全卫生教育培训

开展劳动安全卫生教育培训，帮助劳动者提高劳动安全卫生意识和技能，是工会维护劳动者安全健康合法权益的重要途径，也是发动职工参与企业安全生产管理的基本前提。用工制度的改革，劳动者的流动性增大，特别是新材料、新技术的应用，对劳动者安全生产技术技能提出了新的更高要求。一些农民工由于缺少基本的劳动安全卫生知识、缺少对各类安全生产和职业病危害事故的防范能力，往往既是事故的受害者，又是事故的直接责任者。工会组织有责任帮助他们提高劳动安全卫生素质，增强自我保护能力。

（四）对安全生产和职业病危害事故隐患的监督整改

及时整改生产过程中的各类事故隐患，是贯彻“安全第一，预防为主，综合治理”方针，预防发生安全生产和职业病危害事故的一项重要措施，也是工会劳动保护监督检查的重要任务。《安全生产法》规定：“工会对生产经营单位违反安全生产法

律、法规，侵犯从业人员合法权益的行为，有权要求纠正；发现生产经营单位违章指挥、强令冒险作业或者发现事故隐患时，有权提出解决的建议，生产经营单位应当及时研究答复；发现危及从业人员生命安全的情况时，有权向生产经营单位建议组织从业人员撤离危险场所，生产经营单位必须立即作出处理。”《职业病防治法》规定，“工会组织对用人单位违反职业病防治法律、法规，侵犯劳动者合法权益的行为，有权要求纠正；产生严重职业病危害时，有权要求采取防护措施，或者向政府有关部门建议采取强制性措施”。工会通过形式多样的劳动安全卫生监督检查，及时发现各类安全生产和职业病危害事故隐患，并做好登记工作。在对发现的安全生产和职业病危害事故隐患进行登记的基础上，会同行政有关部门做好评估（必要时可邀请上级工会或有关专家）。对需要跟踪检查的隐患，应建立档案。对能够治理的隐患，应立即协助落实整改措施；对暂不能解决的隐患，应根据情况向行政部门提出限期整改的意见或者通过与企业行政方进行平等协商，就整改问题达成协议，并跟踪监督落实整改。在安全生产和职业病危害事故隐患的整改措施未落实期间，工会应建议、协助并督促企业行政采取应急防范措施。企业自身无法解决的隐患问题，基层工会应及时向上级工会报告，同时要求企业行政报上级主管部门协助整改。

（五）参加安全生产和职业病危害事故的调查处理

《工会法》规定：“职工因工伤亡事故和其他严重危害职工健康问题的调查处理，必须有工会参加。工会应当向有关部门提出处理意见，并有权要求追究直接负责的主管人员和有关责任人员的责任。”《安全生产法》规定：“工会有权依法参加事故调查，向有关部门提出处理意见，并要求追究有关人员的责任。”《职业病防治法》规定，“发生职业病危害事故时，有权参与事故调查处理”。

（六）为劳动者维护自身劳动安全健康合法权益提供帮助和服务

上述的工会职责是工会为维护劳动者劳动安全健康合法权益而提供的帮助和服务。除此之外，工会为劳动者提供帮助和服务的内容还包括在劳动者的安全健康合法权益受到侵害而引发争议的情况下，帮助和支持劳动者依法申请调解、仲裁和提起诉讼等。

思考题：

1. 工会劳动保护监督检查员在哪一级工会组织设立？
2. 劳动者依法可以获得哪些劳动保护权利？履行哪些义务？
3. 工会在维护劳动者安全健康合法权益方面有哪些职责？
4. 如何创新开展“安康杯”竞赛活动？
5. 常见职业病危害因素按性质分有哪些？

参 考 文 献

1. 习近平．习近平谈治国理政[M]. 北京：外文出版社，2014.

2. 习近平．习近平谈治国理政（第二卷）[M]. 北京：外文出版社，2017.

3. 习近平．习近平谈治国理政（第三卷）[M]. 北京：外文出版社，2020.

4. 习近平．习近平谈治国理政（第四卷）[M]. 北京：外文出版社，2022.

5. 中国共产党第二十次全国代表大会文件汇编[M]. 北京：人民出版社，2022.

6. 本书编写组．党的二十大报告辅导读本[M]. 北京：人民出版社，2022.

7. 本书编写组．党的二十大报告学习辅导百问[M]. 北京：学习出版社，党建读物出版社，2022.

8. 张志林，王冲．劳动竞赛手册（上、下）[M]. 北京：中国铁道出版社，1988.

9. 《班组小百科》编委会．班组小百科[M]. 北京：工人出版社，1989.

10. 郑希文．安全生产管理[M]. 北京：冶金工业出版社，1997.

11. 吴宗之，高进东，张兴凯．工业危险辨识与评价[M]. 北京：气象出版社，2000.

12. 刘铁民．迈向新世纪的中国劳动安全卫生[M]. 北京：中国社会出版社，2000.

13. 王中力．职工技协论[M]. 太原：山西人民出版社，2001.

14. 王章学．重大责任事故调查与定罪量刑[M]. 北京：群众出版社，2002.

15. 张成富．安全卫生·权益维护[M]. 北京：中国文联出版社，2002.

16. 戴文宪等．劳动竞赛组织与管理工作实务[M]. 北京：中国工人出版社，2003.

17. 闪淳昌．现代安全管理实务[M]. 北京：中国工人出版社，2003.

18. 隋鹏程．安全原理[M]. 北京：化学工业出版社，2005.

19. 金泰廙等．现代职业卫生与职业医学[M]. 北京：人民卫生出版社，2011.

20. 邬堂春．职业卫生与职业医学[M]. 北京：人民卫生出版社，2012.

21. 马骏．实用职业卫生学[M]. 北京：煤炭工业出版社，2017.

后 记

《工会劳动和经济工作概论》是全国工会干部培训基础教材之一。

本次出版的《工会劳动和经济工作概论》是在2018年版的基础上，由全国总工会劳动和经济工作部负责修订。参加修订工作的人员有：蒋坤芝、代明梅、张弘强（第一章），李实、彭婷、许旭升（第二章），李洋、许建峰（第三章），赵一、刘超、张宁（第四章），朱洵、胡晓亮、项婷（第五章），毛凯、李学敬、陈晓莎、董震（第六章）。代明梅同志负责本书的统稿工作，芦金玲同志负责本书的修改工作，姜文良、侯波、吴薇、金勇、杜文甫同志负责审阅书稿。全书由王晓峰同志审阅定稿。

由于编者水平有限，本书难免存在不足和疏漏之处，诚恳地欢迎广大读者批评指正。

编　者

2023年3月